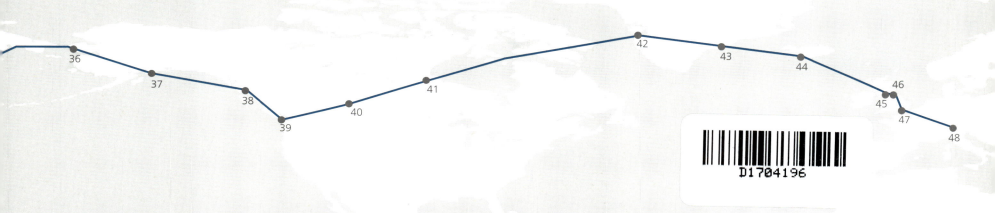

36

37

38

39

40

41

42

43

44

45

46

47

48

D1704196

GROSSKREIS
DIE WELT OSTWÄRTS

Diese Reise hat uns bei vielen Gelegenheiten gelehrt, das Erstaunliche
zu sehen und die Überraschung zu geniessen.

At many instances this journey taught us to see the astonishing
and savour amazement.

GROSSKREIS
DIE WELT OSTWÄRTS

STEPHAN UND NICOLAS PERREN

Herausgeber:	Nicolas und Stephan Perren
Verlag:	BUDAG
	Promenade 60
	CH-7270 Davos, Schweiz
	www.budag.ch

Erstausgabe 2008

© 2008 Nicolas Perren, Stephan Perren und Autoren

ISBN 978-3-9523079-9-1 (English)
ISBN 978-3-9523079-8-4 (German)

Alle Rechte der Veröffentlichung, des teilweisen oder vollständigen Ab- und Nachdrucks und Übersetzungen, sowie die Vervielfältigung und Verarbeitung durch Ton-, Bild- und Datenträger einschliesslich der Speicherung, Auswertung und Verbreitung der Daten und der Übertragung durch Rundfunkmedien im In- und Ausland sind vorbehalten und ohne die schriftliche Genehmigung der Herausgeber nicht erlaubt.

Printed in Switzerland

Umschlagbilder:
Vorne: HB-DGL vor dem Matterhorn; Fotograf: Ruedi Homberger
Hinten: HB-DGL über Sydney; Fotograf: Lisa Harvey

Luftbildfotografien:
Nicolas Perren mit Ausnahme von:
Heinz Allenspach: Seiten 217, 223, 229, 233
Lisa Harvey: Seiten 46/47, 62/63, 141, 143
Ruedi Homberger: Seiten 4/5, 12/13, 15, 238/239
Philipp Perren: Seite 237
Stephan Perren: Seiten 219, 221, 225, 227, 231

INHALT

* AO: Arbeitsgemeinschaft für Osteosynthesefragen
(chirurgische Stabilisierung von Knochenbrüchen).
Eine weltweit tätige Non-Profit-Organisation.

VORWORT

Chris van der Werken
Prof. Dr. med. PhD
Präsident der AO Stiftung

Als Stephan mich gefragt hat, das Vorwort für sein Buch zu schreiben, fühlte ich mich geehrt und war doch gleichzeitig nervös. Denn Stephan ist ein «medizinischer Koloss», jemand, zu dem ich während meiner gesamten Karriere aufgeschaut habe und von dem ich sehr viel gelernt habe. Ich hoffte sehr, dass es mir gelingt, seinen langjährigen Einfluss und meine Wertschätzung «in Worte zu fassen».

Ich kenne Stephan seit vielen Jahren. Schon als junger niederländischer Chirurg bin ich wegen der neuesten Forschungsergebnisse ein- bis zweimal im Jahr nach Davos gereist. Bei Stephan fühlte ich mich immer willkommen. Grosszügig teilte er seine Zeit und sein Wissen mit mir. Er ist letzlich dafür verantwortlich, dass ich mich so sehr für die AO (Arbeitsgemeinschaft für Osteosynthesefragen) interessiert habe.

Während meiner Präsidentschaft im Jahr des 50-Jahr-Jubiläums der AO Gründung habe ich gelernt, wie wichtig die Aussagen der Praktiker sind. Dieses Buch wird daher nicht nur langjährigen Mitgliedern der AO gefallen, die wie ich gerne in der Vergangenheit schwelgen, sondern wird auch in den kommenden 50 Jahren lehrreich sein.

Dabei ergänzen sich Stephans Text zur AO und Osteoporose, beider Reisebericht sowie Nicolas Fotos sehr gut. Die ausgesprochen künstlerischen Fotos dokumentieren die Schönheit unserer Erde, die aus der Luft betrachtet besonders in Erscheinung tritt. Scheinbar fokussieren die ersten beiden Teile des Textes auf medizinische Aspekte, aber in Wahrheit sind es Reisen durch Raum und Zeit, die von all den privaten und professionellen Beziehungen erzählen, die Stephan während seiner Zeit als Forscher und Wissenschafter geknüpft hat.

Dieses Buch begeistert durch die Vereinigung von wissenschaftlichen Fakten und persönlichen Erlebnissen, weswegen es sowohl vom Fachmann als auch vom Laien gleichermassen genossen werden kann. Ich möchte dies mit zwei Beispielen illustrieren.

Viele Jungs träumen davon, Pilot zu werden. Wenn sie älter werden, träumen sie von Abenteuern als letzter Möglichkeit, ihre innig gehegten Wünsche zu leben. Während ihres gesamten Lebens folgen sie dem Impuls, Gutes zu tun. Stephans «Spirit of Davos»-Abenteuer ist Sinnbild für all diese Träume.

Moderne Technologie hat nicht nur die Medizin, sondern auch in der Fliegerei den Fortschritt vorangetrieben. So werden der Fixateur intern (spezielle Schienungsmethode für Knochen) wie auch der Flug um die Welt gleichermassen in die Welt des Möglichen gebracht. Wie viele Menschen können auf eine Karriere in der medizinischen Forschung zurückblicken, wie viele können Sportflugzeuge fliegen, wie viele haben auch nach der Pensionierung scheinbar grenzenlose Energie? Stephan erfüllt all diese Kriterien.

Warum dieser lange und schwierige Flug? Es ging nicht um Geld oder Ruhm, sondern um Aufmerksamkeit und Unterstützung der Forschung in ihren wissenschaftlichen und klinischen Aspekten. Während der Reise hielt Stephan Vorträge zum Stand der Forschung in der Knochenbruchbehandlung im osteoporotischen Knochen. Dies deckte sich perfekt mit dem Leitmotiv der AO: «Das Netzwerk der Gesundheitsspezialisten in Fortbildung, Forschung, Entwicklung und klinischen Untersuchungen auszubauen, um dem Patienten weltweit eine bessere medizinische Versorgung zur Verfügung zu stellen.»

Die medizinische Seite, die ich hier kurz streifen möchte, ist die Osteoporose. Das Gesundheitsproblem Knochenschwund ist aus einer Reihe von Gründen auf dem Vormarsch, nicht zuletzt spielt die längere Lebenserwartung in der entwickelten Welt eine grosse Rolle. Als Reaktion auf die Dringlichkeit des Problems rief im Jahr 2000 die Weltgesundheitsorganisation das Jahrzehnt der Knochen und Gelenke aus.

Während ihrer Reise haben Stephan und Nicolas eine weite Spannbreite von sozialen Zuständen, medizinischen Standards und Gesundheitsbewusstsein angetroffen. Die AO ist als globale Organisation täglich diesem Spektrum von Gesundheitsansätzen in Behandlungsräumen überall auf der Welt ausgesetzt. Wichtig in Erinnerung zu behalten ist dabei, dass medizinische Probleme und deren Behebung sich in einzelnen Ländern stark unterscheiden.

Dieses faszinierende Buch ist vor allem deshalb lesenswert, weil es zum einen eine aussergewöhnliche Sicht auf so überraschend verschiedenen Landschaften eröffnet, und zum anderen einen Blick in die Forschung sowie berufliche und familiäre Beziehungen ermöglicht. Doch das Wichtigste für den Leser ist die Geschichte, wie Visionen sogar mehrfacher Art mit unbeirrtem Willen zu erreichen sind.

EINLEITUNG

Ein Abend und zwei Angebote aus Australien

«Ich werde einem Angebot folgen und in Australien arbeiten.» – «Ich auch!» So kurz war die Offenbarung, so überraschend die Antwort.

Nach einem Abendessen sitzen Stephan und Nicolas Perren zusammen vor dem Kaminfeuer in Davos und sprechen über Gott und die Welt. Nicolas hatte sich für diesen Abend vorgenommen, bei seinem Vater Stephan auszuloten, wie wohl seine Mutter Alice auf die Neuigkeit reagieren wird, dass er mit seiner Familie nach Australien ziehen will. Er hat aus Sydney das Angebot erhalten, dort als Architekt zu arbeiten. Die Antwort seines Vaters ist jedoch eine freudige Überraschung. Warum geht Stephan nach Australien? Das Rätsel ist schnell gelüftet. Michael Schütz, ein Unfallchirurg aus Berlin und gemeinsamer Freund, wurde an die Queensland University of Technology in Brisbane als Professor für Unfallchirurgie berufen. Er hatte vor ein paar Wochen angefragt, ob Stephan nicht Interesse hätte, ihm bei der Forschung beratend zur Seite zu stehen. Stephan, selbst lange Jahre in der Forschung tätig und an Neuem immer brennend interessiert, hatte sich seither gefragt, wie er das mit der Familie in Einklang bringen kann. Da kommt ihm Nicolas' Eröffnung gerade recht, und beide freuen sich über die gelungene Schicksalsfügung.

Eine Flasche Wein und eine Schnapsidee

Darauf wird mit einer guten Flasche Wein angestossen. Stephan und Nicolas erzählen von ihren Angeboten und Erwartungen. Gemeinsame Pläne werden geschmiedet. Die Distanz von Brisbane nach Sydney wäre die ideale Reisedistanz für ein Flugzeug wie unsere Mooney.

«Warum nehmen wir das Flugzeug nicht einfach mit?», entfährt es Nicolas. Wie weit ist es bis Australien? Bloss einmal halb um die Welt. Nicolas holt den Atlas, um einen Überblick über die Route zu erhalten. Plötzlich sind sie Feuer und Flamme: «Stell dir vor, wir könnten dem Himalaja entlangfliegen und den Mount Everest mit eigenen Augen sehen!», jubelt Stephan. «Persepolis, Taj Mahal, Angkor Wat ...», träumt Nicolas. Die Route wird abgesteckt. «Und dann», sagt Stephan, «wieso denselben Weg wieder zurück? Wenn wir schon einmal halb rum sind, dann können wir auch ganz rum! Stell dir vor Nicolas, wir zwei in der Mooney. Selber einmal rund um die Welt im eigenen Flugzeug!» Die Karten werden wieder konsultiert. Viel Wasser liegt zwischen Australien und Amerika, ausser man fliegt ganz im Norden über die Beringstrasse..., die Kurilen, Kamtschak, Aleuten, Alaska, eine herrliche Idee. Als Stephan vor Jahren auf dem Flug von Kopenhagen nach Seattle Baffin Island sah, dachte er: «Schön wärs, aber da komme ich wohl nie hin.» Seit seiner Jugend träumt er von der Arktis.

Ein Schnaps und die grosse Idee

Nach dem Wein der Whiskey, die Gedanken bekommen Flügel. «Ausserdem», so Stephan, «könnte ich mich überall, wo wir landen, mit Chirurgen treffen und die letzten Ergebnisse meines Forschungsgebiets, der Knochenbruchbehandlung bei Osteoporose, austauschen. Eine tolle Möglichkeit, und es würde viel Zeit sparen!» Was wie ein Traum klang, wurde durch den Flug zur Tatsache: ein Abenteuer, von dem wir hier berichten.

Stephan und Nicolas, im Januar 2008

DIE WELT DER AO

STEPHAN PERREN

Einleitung

Unser Flug war ein modernes Abenteuer. Gleichzeitig diente er der medizinischen Erforschung der Knochenbrüche bei Osteoporose. In Ländern des Mittleren Ostens und des asiatisch-pazifischen Raums tauschten wir Wissen aus über die Osteoporose und die Probleme ihrer Frakturen in Forschung und Klinik. Wir hatten dabei die Möglichkeit, neue Technologien zur Behandlung von osteoporotischen Frakturen vorzustellen.

In diesem Buch beschäftigt sich der erste Abschnitt mit der Struktur und Funktion des Knochens. Es ist eine mikroskopische Welt, die nicht nur für Mediziner interessant ist. Der Knochen ist ein Gewebe mit wichtigen mechanischen und chemischen Funktionen. Wie entsteht der Bruch? Warum entstehen unterschiedliche Bruchformen? Wenn der Bruch spontan, d. h. ohne Behandlung heilen kann, warum muss er dann behandelt werden? Wie wurde der Knochen früher behandelt? Welche Verbesserungen wurden dringend notwendig? Welche hat die AO (Arbeitsgemeinschaft für Osteosynthesefragen) ermöglicht? Welche Probleme bleiben offen?

Der zweite Abschnitt berichtet über die AO Gruppe, eine Schweizer Gruppe von dreizehn Chirurgen und Orthopäden. Aus einem kleinen Verein wurde eine weltweit aktive Stiftung, die durch ihre experimentelle und klinische Forschung Wesentliches zur Behandlung von Knochenbrüchen beigetragen hat. Was waren die Ziele und Prinzipien der AO Gruppe und wie gestaltet sich die Zusammenarbeit mit den Produzenten?

Der dritte Abschnitt stellt die Frage: Was hat die von Stephan Perren geleitete Forschung in Davos in den dreissig Jahren, 1967 – 1996 geleistet? Welche grundlegenden Veränderungen ergaben sich aus der Forschung? Wodurch konnte die klinische Behandlung des Patienten verbessert werden? Welche «allgemein gültigen» Lehrmeinungen wurden in Frage gestellt? Und welche neuen, kreativen Wege eröffneten sich dadurch?

Es folgen Gedanken zur Frage: welche Anforderungen ergeben sich für die Forschung? Art und Organisation der Forschung werden hinterfragt.

Der eigenständige Abschnitt, Osteoporose (Perren und Blauth), beschäftigt sich mit dem Knochenschwund: Was ist Osteoporose? Wie wahrscheinlich erleiden wir sie? Was sind ihre Folgen vor allem in Bezug auf Knochenbrüche? Warum nennt man die Osteoporose in Fachkreisen einen «stillen Mörder»?

Der Knochenbruch und seine Behandlung

Wird der Knochen mechanisch überlastet, bricht er. Dies ist ein Vorgang, der innerhalb weniger als einer Millionstelsekunde abläuft. Die Blutgefässe zerreissen an der Frakturstelle. Ihre spontane Blutstillung bewirkt eine Thrombose der Gefässe und damit ein Absterben des Knochens in der Tiefe nahe der Bruchfläche. Hinzu kommt eine ausgeprägte Implosion als Folge des plötzlichen Aufreissens des Bruchspalts (Abb. 1). Die umgebenden Gewebezellen, die später die Reparatur des Bruchs übernehmen, erleiden dabei Schaden und setzen Botenstoffe frei, die den Reparaturprozess während offensichtlich nur kurzer Zeit anregen. Je nach der Belastungsart, die den Knochenbruch bewirkt, entstehen typische Brucharten: Quer-, Schräg- und Spiralbrüche mit kurzen oder langen Bruchflächen (Abb. 2). Die während des Bruchs freigesetzte Energie bewirkt einfache oder mehrfache Brüche. Es resultiert eine Fehlstellung: der gebrochene Knochen kann zu kurz, abgeknickt oder verdreht sein. Der Knochen kann nicht mehr tragen,

Abb. 1: Bruch und Weichteiltrauma. Der Ausschnitt aus einem Hochgeschwindigkeits-Film zeigt, dass beim Aufreissen des Bruchspalts eine massive Implosion auftritt. Dies bewirkt eine markante Verletzung der Weichteile, die in den Bruchspalt geschleudert werden (R. Moor).

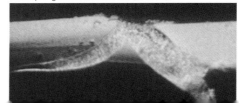

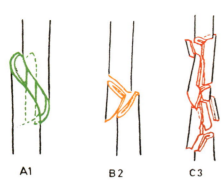

A1   B2   C3

Abb. 2: Belastung und Bruchart.
Einfacher Spiralbruch durch Drehbelastung, Biegebruch
mit Zusatzfragment (Biegebelastung), Trümmerbruch beim
Bruchgeschehen mit hoher Energie
(M. E. Müller Klassifikation).

weil er unter Belastung an der Frakturstelle einknickt. Mechanisch können wir den Bruch als lokalen Verlust der Steifigkeit des Knochens verstehen.

Die spontane Heilung: Frei lebende Tiere zeigen, dass der Knochen spontan, d. h. ohne äussere Hilfe heilen kann (Abb. 3). Bei der spontanen Heilung heilt der Knochen zwar solide, meist aber in Fehlstellung, was seine Funktion behindert.

Ziel der Behandlung ist es, die Fehlstellung zu beheben (Reposition). Damit die Heilung in der anatomisch korrekten Stellung erfolgt, muss die neue Stellung des Knochens während mehreren Wochen festgehalten werden (Stabilisation). Reposition und Stabilisation sind damit die zwei grundlegenden Aktivitäten der medizinischen Behandlung.

Reposition: Der Bruch lässt sich oft durch Zug gut und weitgehend schmerzlos einrichten. Die ursprüngliche Form des Knochens wird wieder hergestellt. Wird der Zug beibehalten, ergibt sich die einfachste Art der Stabilisation.

Stabilisation: Unter manuellem Zug eingerichtet, wird der Bruch anschliessend mit Hilfe von Gips- oder Kunststoffschienen gehalten. Damit ist der Patient wieder mobil. Der Bruch kann auch durch Dauerzug (Abb. 4) eingerichtet und gehalten werden. Dies war vor der Zeit der Osteosynthese ein gutes Verfahren, wenn auch aufwendig und mit langem Spitalaufenthalt verbunden. Wenn es nur darum geht, das Abknicken des Bruchs zu vermeiden, genügen einfache äussere Schienen. Muss der Bruch aber gegen Verdrehung und Verkürzung stabilisiert werden, wird die äussere Schienung aufwendig und bedingt Ruhigstellung der benachbarten Gelenke in abgewinkelter Stellung. Die Folgen sind Immobilisation der Gelenke und damit der Weichteile (vor allem Muskeln und Blutgefässe) mit Verlust ihrer natürlichen Funktion. Verkümmert die Durchblutung, treten Schwellung, Schmerz und fleckiger Knochenverlust auf (Abb. 5), und die Gelenke versteifen. Die Zeit der Rehabilitation kann dadurch länger dauern als die Zeit bis zur soliden Heilung. Die chirurgische Stabilisation (Osteosynthese) stellt allein den Bruch ruhig und erlaubt sofort die volle, schmerzfreie Funktion der Gelenke und Weichteile. Bis in die Mitte des zwanzigsten Jahrhunderts konnte sich diese Behandlungsart nicht durchsetzen. Implantate, Instrumente und deren Anwendung waren ungenügend. Pionierleistungen einzelner Chirurgen fanden keine erfolgreiche Nachahmer. Es fehlte die Forschung als Grundlage klarer Prinzipien und deren konsequenter Schulung.

Die chirurgische Stabilisation (Osteosynthese) kann durch Anwendung von zwei grundlegend verschiedenen Prinzipien erreicht werden:
– Die Schienung erreicht die Stabilisation durch kraftschlüssige Verbindung der gebrochenen Knochenfragmente mit Hilfe einer steifen, überbrückenden Schiene. Charakteristisch für die Schienung ist, dass die Beweglichkeit des Bruchs vermindert, aber nicht vermieden wird. Typische äussere Schienen bestehen aus Gips oder Kunststoff. Metallschienen, die durch Stifte oder Schrauben mit

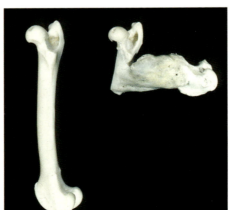

Abb. 3: Spontane Heilung.
Ohne Behandlung kann der Knochenbruch bei frei lebenden Tieren solide heilen. Der betroffene Knochen ist hier aber im Vergleich zum gesunden Knochen verkürzt, verbogen und verdreht. Deshalb muss die Behandlung des Knochenbruchs den Bruch einrichten und festhalten (U. Geret).

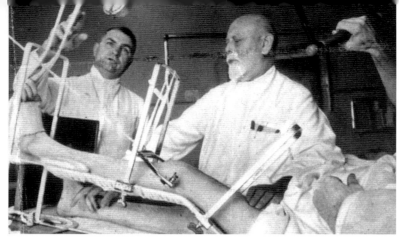

Abb. 4: Behandlung mit Dauerzug.
Prof. Lorenz Böhler, ein Pionier der konservativen
Knochenbruch-Behandlung. Dauerzug kombiniert
Reposition und Stabilisation. Dieses medizinisch erfolg-
reiche Verfahren war zu aufwendig für den Patienten
und das Spital.

dem Knochen verbunden sind, können äusserlich (Abb. 8) oder innerlich (Abb. 18) angelegt sein. Marknägel schienen den Markraum des Knochens (Abb. 6).

– Die Kompression: Zur vollständigen Stabilisierung werden die Fraktur-flächen aufeinandergepresst, d. h. vorgespannt (Abb.7). Solange die Druckvorspannung grösser ist als die (biegebedingte) Zugkraft, bleiben die Frakturflächen unverrückbar stabil. Die Kompression erzeugt auch Reibung zwischen den Frakturflächen. Während die Vorlast ein Ausei-nanderklaffen verhindert, widersetzt sich die Reibung der Verschiebung z. B. bei Drehbelastung. Schienung und Kompression können kombi-niert verwendet werden (Schutzplatten).

Die Arbeitsgemeinschaft für Osteosynthesefragen

Die AO (Arbeitsgemeinschaft für Osteosynthesefragen) begann 1958 die chirurgische Behandlung des Knochenbruchs (Osteosynthese = Zusam-menfügen der Knochenbruch-Fragmente) grundlegend zu verbessern. Maurice E. Müller hatte aufgrund seiner Erfahrung und der Forschung Prinzipien für das operative Vorgehen formuliert, die ein klares Vorgehen und eine effiziente Schulung ermöglichten. Die wissenschaftliche Kreativi-tät und die konsequente Ausrichtung auf die praktisch anwendbaren Prin-zipien und Technologien und deren Schulung sind Grundlage der weltweit unbestrittenen Führung der AO Gruppe, und damit ein klassisches Bei-spiel für die Bedeutung der wissenschaftlichen Kreativität und klinischen Disziplin und Zuverlässigkeit.

In den ersten Jahrzehnten erreichte die AO die sofortige schmerzfreie Funktion der durch Knochenbruch verletzten Gliedmassen durch eine präzise Wiederherstellung der Anatomie und durch absolut stabile, d. h. bewegungsfreie Fixation der Bruchflächen (Abb. 9). Maurice E. Müller entwarf und realisierte zusammen mit Robert Mathys wesentliche Verbes-serungen der Küntscher- und der Danis-Techniken. Das sind Techniken, die darin bestanden, den Knochenbruch durch chirurgisch eingebrachte Nägel oder Platten zu stabilisieren. Die AO Marknägel waren elastisch de-formierbare, geschlitzte Rohre, die sich der Knocheninnenform anpassten. Die AO Platten waren so konzipiert, dass meist gerade Schienen während der Operation dem Knochen angeformt wurden. Mit einem einfachen Ins-trumentarium konnten so alle Frakturen behandelt werden. Die Kompres-sionsplatten wurden später durch die biologische Osteosynthese ergänzt oder ersetzt (Abb. 10). Die korrekte Anwendung war von grundlegender Bedeutung. Um sie zu gewährleisten, sind die Implantate und Instrumente in der Frühzeit der AO nur an jene Ärzte ausgeliefert worden, die einen speziellen AO Kurs absolviert hatten und sich verpflichteten, alle Fälle zu dokumentieren. Das Verhältnis der AO Gruppe zu den Produzenten war von Anfang auf der Basis einer Lizenzgeber/Lizenznehmer-Vereinbarung geregelt. Die Ärzte entwickelten mit Hilfe der Forschung die Prinzipien, überprüften mit Hilfe der klinischen Dokumentation die Technologie der Anwendung und sicherten die Schulung. Das AO Forschungsinstitut ent-

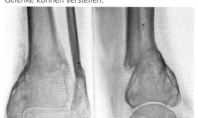

Abb. 5: Frakturkrankheit.
Nach ungenügender Gipsbehandlung mit exten-siver Immobilisation der verletzten Extremität treten Schmerzen, Schwellung und Knochenverlust auf, die Gelenke können versteifen.

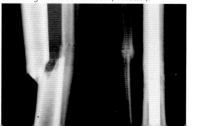

Abb. 6: Marknagelung.
Bruch des Schienbeins, konventionelle Markna-gelung mit Aufbohren. Stabilisation bei dieser gut abstützenden Bruchform ohne Verriegelung. Frühe Belastung und volle Funktion (P. Matter).

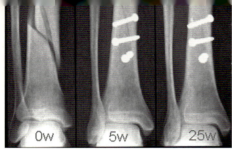

Abb. 7: Reine Verschraubung.
Langer Spiralbruch des Schienbeins. Dies ist eine sehr elegante Anwendung der Kompressionstechnik, sie ist aber eine nur selten anwendbare Stabilisationsart.

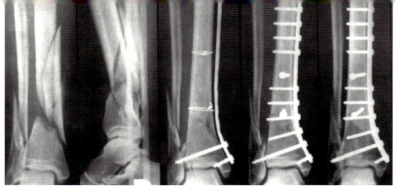

Abb. 9: Kompressionsplatte.
Ein Beispiel aus der Pionierzeit der Osteosynthese, Reposition mit Drahtschlingen, Fixation mit Kompressionsplatte, total 14 Schrauben, davon zwei freie Zugschrauben. Die angestrebte präzise Reposition und extensive Stabilisation bedingt ein entsprechendes Gewebstrauma, das mit der biologischen Osteosynthese vermieden wird.

wickelte neue Prinzipien, das AO Entwicklungsinstitut realisiert sie bis zur klinischen Erprobung. Die Produzenten entwickelten als Lizenznehmer die klinisch anwendbaren Implantate und Instrumente und machten sie zugänglich. Eine gemeinsame technische Kommission von Ärzten und Produzenten, die von Maurice E. Müller, später Stephan Perren und heute durch Norbert Haas geleitet wird, entscheidet über die Annahme oder Ablehnung der Instrumente und Implantate als AO tauglich. In der technischen Kommission verfügen die Ärzte über die Mehrheit der Stimmen und sichern so, dass die Entscheidungen nach medizinischen Prioritäten erfolgen. Die Stiftung ist allein der medizinischen Ethik verpflichtet. Ein wesentliches Element des Erfolgs der AO Gruppe ist, dass die Stiftung keine privaten Entschädigungen an die mitarbeitenden Ärzte ausrichtet und dass die Implantate nicht mit dem Namen der Erfinder bezeichnet werden. Die Gruppe enthusiastischer AO Ärzte konzentrierte sich auf die medizinischen Probleme. Die Gruppe wuchs und damit auch die administrativen Anforderungen. Peter von Rechenberg (Abb. 27) nahm sich dieser Probleme erfolgreich an. Er bezeichnete sich treffend als Hirtenhund, der die Gruppe zusammenhielt.

Abb. 8: Externer Fixateur. Stabilisation des Bruchs durch Schienung. Die dargestellte Technik («tube to tube», A. Fernandez) erlaubt dreidimensionale Korrekturen und vermeidet mit den Stiften anatomisch anspruchsvolle Gebiete.

Dreissig Jahre AO Forschung Davos

Die Forschung, klinisch und experimentell, hatte in den ersten drei Jahrzehnten der AO unbestritten Priorität. Sie war die tragende Aktivität. Die experimentelle Forschung regte neue Behandlungsarten an. Die klinische Forschung erlaubte ihre Wirksamkeit und Nachteile zu beurteilen. Mehrmals gelang es der experimentellen AO Forschung allgemein akzeptierte Theorien wie jene der Drucknekrose und der «stress protection» und andere zu widerlegen und neue Behandlungsarten zu ermöglichen. Die folgenden Ausführungen beschränken sich auf die experimentelle Forschung der Davoser Gruppe in den dreissig Jahren unter der Leitung von Stephan Perren. 1967 konnte man die Zahl der engagierten, risikobereiten Mitarbeiter in Davos an einer Hand abzählen. Die Finanzierung war in der ersten Zeit des Instituts auf wenige Monate gesichert. 1996 war es ein weltweit anerkanntes Team von 120 Forschern. Das Team bestand aus Chirurgen, Orthopäden, Zahnärzten, Biologen, Physikern und Ingenieuren, mit ebenso bunt gemischten Labor-Mitarbeitern. Sie arbeiteten an verschiedenen klinischen und grundlegenden Problemen. Ihr Enthusiasmus machte die Führung spannend und leicht. Wenn wir uns hier auf die Aktivitäten des AO Forschungsinstituts Davos beschränken, vergessen wir die wichtigen Beiträge anderer Gruppen nicht.

Knochenheilung: Robert Danis untersuchte Röntgenbilder von Frakturen, die er mit seiner Kompressionsplatte (coapteur) behandelt hatte (Abb. 11). Er beobachtete, dass der Knochenbruch ohne sichtbare Narbenbildung (Kallus) heilen kann. Im Unterschied zur allgemeinen Annahme, dass der Knochen nur durch die Bildung einer Manschette aus Narbengewebe heilen kann, postulierte Robert Danis die «innere Verschweissung» (soudure autogène). Kurz nach Gründung der AO haben dann Robert Schenk und Hans Willenegger auch histologisch nachgewiesen, dass diese Art der Heilung auf dem inneren Umbau des Knochens beruht. Sie nannten dies die Primärheilung. Die absolut stabile Kompressions-Osteosynthese war Voraussetzung der direkten Heilung (Abb. 12). Von den histologischen Bildern dieser Heilungsart waren wir alle begeistert, verpassten aber, die klinische Bedeutung dieser Heilungsart zu hinterfragen. Max Geiser trug als Gegenargument vor, dass er keine direkte Heilung nachweisen konnte. Er untersuchte mit Drahtschlingen (Cerclagen) stabilisierte Knochenbrüche und zog aus dieser Beobachtung den Schluss, dass es generell keine Primärheilung gäbe. Im AO Labor Davos zeigte Berton Rahn, dass die Drahtcerclage keine absolute Stabilität erzeugt und damit auch nicht mit direkter Heilung beantwortet werden konnte. Durch Kompressions-Osteosynthesen mit

Abb. 11: Historische Plattenosteosynthese. Der Pionier der Kompressionsplatten-Osteosynthese, R. Danis, hat mit dieser Kompressionsplatte (coapteur) die kallusfreie Heilung beobachtet. Die AO verdankt R. Danis Anregung und grundlegende Technik der chirurgischen Behandlung mit Kompression.

einer kleinen Version der DCP (dynamische Kompressionsplatte) konnten Paolo Gallinaro und Berton Rahn im AO Labor Davos auch bei der spröden und hoch belasteten Kaninchen-Tibia und bei freier Belastung die primäre Heilung nachweisen.

Die «Drucknekrose», als allgemein gültiges Prinzip formuliert, widersprach zur Gründerzeit der AO der Anwendung der Kompression. Es war bekannt, dass die Wirbelknochen in der Nähe einer pulsierenden Ausweitung der Körperschlagader Knochenverlust zeigten. Der Knochenverlust wurde als Drucknekrose, d. h. Absterben und Auflösen des Knochens unter Druck (Kompression) erklärt (Abb. 13). Damit erwartete man ohne weitere Überlegung, dass die Kompressions-Osteosynthese ebenfalls durch Drucknekrose zum Scheitern verurteilt sei. Erstaunlich ist heute, dass sich damals niemand fragte, wie denn der Knochen seiner Funktion als Stützgewebe gerecht werden konnte, wenn er sich unter Druckbelastung auflösen würde. Im Labor Davos arbeitete Stephan Perren mit Hilfe von Kompressionsplatten mit eingebauten Dehnungsmessstreifen (Abb. 14).

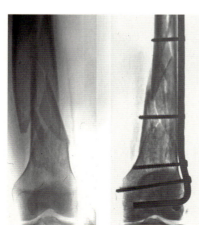

Abb. 10: Moderne Platte Mehrfragment-Bruch. Die Platte als Schiene funktioniert im Sinne des inneren Fixateurs. Nur vereinzelt Schrauben, keine Kompression, flexible Fixation. Verzicht auf allzu präzise Reposition (R. Ganz).

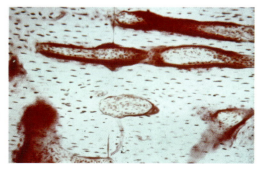

Abb. 12: Direkte oder primäre Heilung. Schaft einer Tibia, Osteotomie (vereinfachte Fraktur), mit Davoser Kompressions-Messplatten fixiert. Das Schaf konnte das Bein nach Osteosynthese frei belasten. Keine Resorption an den komprimierten Bruchflächen. Die Havers'schen Osteone durchqueren die unbeweglich fixierte Osteotomie (S. Perren).

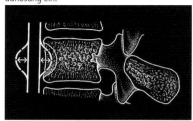

Abb. 13 a: «Drucknekrose». Beobachtung, die als Drucknekrose interpretiert und der AO Kompressionstechnik entgegengehalten wurde. Links eine pulsierende Ausweitung (Aneurysma) der Körperschlagader, im benachbarten Knochen tritt eine Knochenauflösung ein.

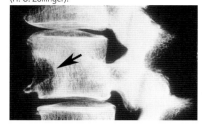

Abb. 13 b: Röntgenbefund der «Drucknekrose». Der Wirbelkörper des gleichen Präparats zeigt einen muldenförmigen Knochenverlust. Wir konnten zeigen, dass die Knochenauflösung nicht durch Druck, wohl aber durch Bewegung (Instabilität) erzeugt wird (H. U. Zollinger).

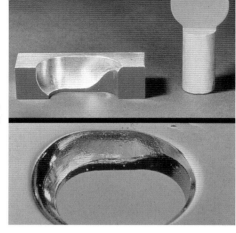

Abb. 15: Dynamische Kompressionsplatte DCP. Sie erlaubt den Knochenbruch durch axiale Kompression zu stabilisieren. Das Plattenloch ist so konstruiert, dass die Schraube beim Eindrehen gegen die Fraktur hin verschoben wird.
Oben: Modell, aufgeschnittenes Plattenloch und Schraube rechts.
Unten: Ansicht des Plattenlochs, die geneigte Spannbahn ist rechts sichtbar.

Er fand bei langzeitiger Kompressionswirkung in vivo trotz hohen Druckwerten (2 KN) keine Drucknekrose. Im mechanisch rigiden System von Knochen und Platte hätte die Resorption der Knochenkontaktflächen um nur Zellbreite (wenige Mikrometer) einen massiven Druckabfall bewirkt. Der Druckverlauf zeigte aber eine langsame und langdauernde Druckverminderung durch den Osteonumbau. Die wissenschaftliche Arbeit des Davoser Instituts ermöglichte den Durchbruch gegen grossen Widerstand des Establishments, der Kritiker der AO.

Dynamische Kompressionsplatte DCP (Abb. 15): Die erwähnten Druckmessungen zeigten während des Einsetzens der Schrauben überraschend starke Veränderungen der mit dem Spanner erzeugten Druckkraft. In einer Untersuchung von Jacques Cordey am intakten Knochen erreichte die Hälfte der erfahrenen Chirurgen mit abnehmbaren Spanner und Rundlochplatte keine Kompression. Stephan Perren schloss aus dieser Beob

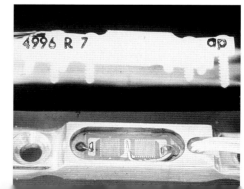

Abb. 14: Kompressions-Messplatte. Sie erlaubt die Messung des Druckverlaufs am lebenden Knochen über mehrere Monate. Mit Hilfe dieser Messtechnik konnte die Theorie der Drucknekrose bei Kompressions-Osteosynthese widerlegt werden.

achtung, dass eine längliche Form des Plattenlochs die Druckminderung vermeiden konnte. Ferner konnte die Form des Plattenlochs so gestaltet werden, dass beim Einsetzen der Schrauben Adaptation und Kompression der Fraktur entstand (Abb. 16). Ein willkommener Nebeneffekt der mit Ingenieur Max Russenberger entwickelten selbst spannenden Kompressionsplatte (DCP) war, dass Kompression erzeugt werden konnte ohne den abnehmbaren Spanner. Die Anwendung wurde damit einfacher und gewebeschonender. Martin Allgöwer hat die dynamische Kompressionsplatte in der Klinik mit der ihm eigenen Konsequenz durchgesetzt. Dynamisch war dabei nicht die Funktion, wohl aber die Anwendung der neuen Platte.

Induktion der Knochenheilung: Interessant und heute wegweisend ist die Beobachtung des Davoser Instituts, dass unter «absoluter» Stabilität der Knochenumbau den adaptierten und stabil komprimierten Bruch nicht wahrnimmt. Die Osteone durchqueren den Bruch ohne Reaktion. Der Bruch kann ohne Veränderung der Aktivität der Havers'schen Osteone durchquert werden. Der innere Umbau erkennt bei der primären Heilung die Fraktur nicht. Berton Rahn zeigte, dass serielle Mikrofrakturen des Knochens, sofern sie stabil fixiert sind, vom inneren Umbau des Knochens wie intakter Knochen umgebaut werden (Abb. 17). Die Abwesenheit jeglicher Reaktion der Osteone an der Bruchstelle zeigt auch, dass zu dieser Zeit die Osteone weder mechanisch noch chemisch den Bruch erkannten. Diese Beobachtungen werfen die Frage nach der Bedeutung der chemischen Induktion der primären Frakturheilung auf, da der stabil versorgte Bruch

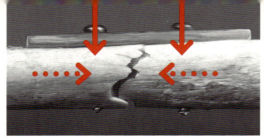

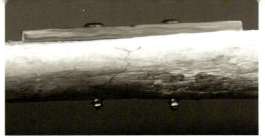

Abb. 16 a: Funktionsweise der selbst spannenden DC-Platte. Vor dem Eindrehen der Schrauben, der Bruchspalt ist noch offen.

Abb. 16 b: Während dem Eindrehen der Schraube. Die Bruchstücke bewegen sich aufeinander zu.

Abb. 16 c: Nach dem Festziehen der Schrauben ist der Bruchspalt geschlossen und komprimiert.

nicht erkannt wird. Die Induktion der sekundären Heilung ist vorwiegend mechano-biologisch, d. h. durch die dynamische Dehnung der reparativen Gewebe im und um den Bruchspalt induziert. Diese Information fehlt bei der absolut stabilen Versorgung. Die primäre Heilung ist so gesehen keine Heilung, sondern ein Nebeneffekt des Aufräumens bruchbedingter Nekrose. Die klinische Konsequenz aus dieser Beobachtung war, die Osteosynthese flexibel zu gestalten und bei erhaltener Funktion eine schnellere und zuverlässigere Heilung zu erreichen.

Elektrostimulation der Knochenheilung: Es war schon immer der Traum der Chirurgen, die Knochenheilung anzuregen, dies obwohl die spontane Induktion sehr effektiv ist. Fukada und Yasuda hatten beobachtet, dass am Knochen unter Belastung kleinste elektrische Spannungen auftreten.

Abb. 17a: Das Osteon erkennt eine stabile Fraktur nicht. Plastische Verformung mit multiplen Frakturen. Die Stabilität der Frakturen ist durch die Platte gesichert. Die Havers'schen Osteone durchqueren die Frakturlinien einer plastisch deformierten Zone in gleicher Art wie den intakten Knochen (B. A. Rahn).
Abb. 17 b: Fotoelastische Darstellung der Osteotomie-Belastung. Gerade Platte unter Vorspannung angelegt. Die höchste Belastung findet sich unmittelbar unter der Platte.

Sie vermuteten, dass sich durch die elektrische Information die Knochenstruktur der Belastung anpasst. Andrew Bassett, Kraus-Lechner, Carl Brighton und andere gingen einen Schritt weiter, indem sie am Knochen Magnetfelder oder Strom angelegt haben, um damit die Bruchheilung zu stimulieren. Dass der angelegte Strom um mehrere Zehnerpotenzen grösser war als die spontanen Signale, störte das Wunschdenken nicht. Im AO Labor Davos konnte, Markus Enzler in aufwendigen Blindversuchen keinen klinisch verwertbaren Effekt dieser Methoden nachweisen und vermied damit der AO und ihren Produzenten einen kostspieligen Irrweg.

Fixateur interne: Selbst kleinste Instabilität der Fraktur kann eine schnelle und zuverlässige Knochenheilung induzieren. Damit konnte, wie Slobodan Tepic im Davoser Institut und Pierre Montavon in der Tierklinik Zürich nachgewiesen haben, die Heilungszeit der chirurgisch versorgten Fraktur auf jene der konservativ behandelten Fraktur verkürzt werden (zwei Monate). Die Kompressions-Osteosynthese des Röhrenknochens hatte bisher nicht erlaubt, die Implantate früher als 2 Jahre nach der Osteosynthese zu entfernen. Jetzt war der Weg offen, die Kompressionsplatten durch einen inneren Fixateur zu ersetzen (Abb. 18). Erwähnenswert ist, dass die Flexibilität der Schiene nicht durch die Verwendung eines deformierbaren Materials (z. B. faserverstärkter Kunststoff), sondern durch die viel wirksamere, verminderte Dimension des Metalls erreicht wird. Die höhere Flexibilität von Titan gegenüber Stahl ist eine willkommene Zugabe des ohnehin elektrochemisch und biologisch dem Stahl überlegenen Titans.

Unerwünschte Implantatlockerung: Die Drucknekrose erklärte nach diesen Befunden die unerwünschte Implantatlockerung nicht mehr. Reinhold Ganz konnte im AO Labor Davos in vivo nachweisen, dass Schrauben sich nicht durch Überlast, sondern mechano-biologisch induziert lockern,

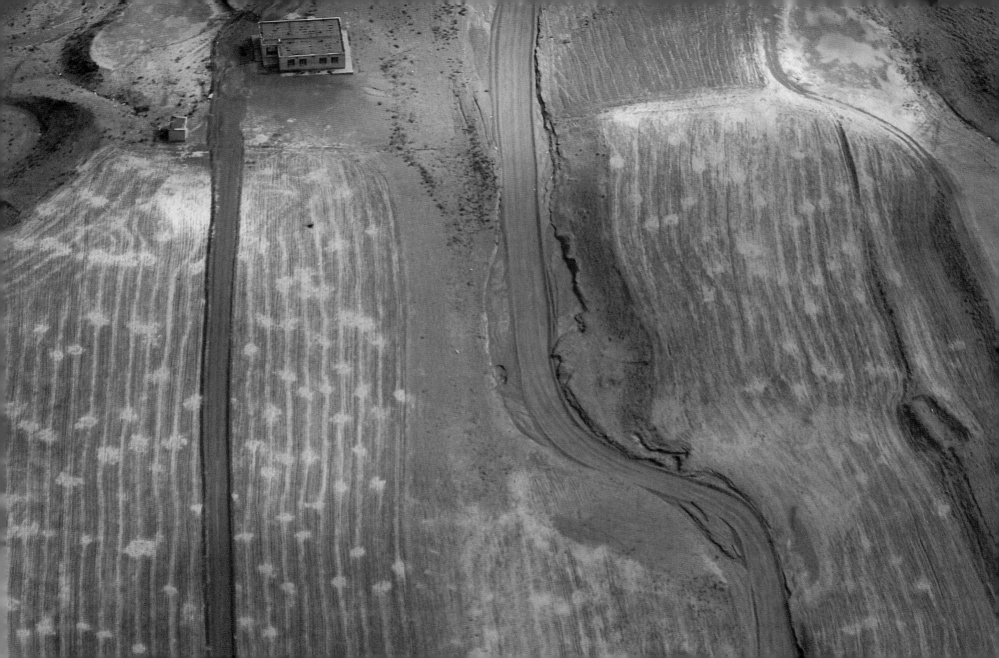

Abb. 18 a: PC-Fix. Diese Technik diente der Entwicklung und Validierung des Konzepts des inneren Fixateurs mit blockierten Schrauben, wie es heute in der LCP (locked compression plate, M. Wagner und R. Frigg) Anwendung findet. Die in zwei Richtungen bogenförmig ausgeschnittene Kontaktfläche des PC-Fix erlaubt eine gute Durchblutung des Knochens.

Abb. 18 b: Im Bild werden die verschiedenen blockierten Schraubentypen gezeigt, die zur Anwendung kamen: Die PC-Fix erlaubt stabile Fixation auch mit kurzen (unikortikalen) Schrauben.

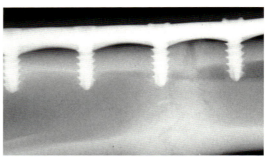

Abb. 18 c: Heilungsverlauf: Gut sichtbar ist der dichte, homogene Knochen in Plattennähe. Solide Heilung konnte schon nach 10 Wochen nachgewiesen werden, während konventionelle Platten erst nach 2 Jahren sicher entfernt werden können.

wenn sie sich an der Kontaktfläche zum lebenden Knochen nur um Zellbreite (einige Mikrometer) bewegen (Abb. 19). Entgegen der allgemeinen Ansicht lockern sich Implantate nicht durch hohen Druck, sondern durch intermittierende Druckentlastung mit Instabilität (Nulldurchgang). Diese Reaktion ermöglicht bei der Frakturheilung durch Aufweitung des Bruchspalts die Deformation (Dehnung) zu verringern als Voraussetzung der soliden Überbrückung (Abb. 23).

Marknagelung ohne Aufbohren: Nach klassischer Anwendung, wie sie z. B. durch Gerhard Küntscher propagiert wurde, wird die unregelmässig geformte Markhöhle durch Aufbohren dem zylindrischen Marknagel angepasst. Untersuchungen von Mathias Klein in Davos an aufgebohrt und nicht aufgebohrt implantierten Marknägeln zeigten, dass die Störung der Durchblutung infolge Aufbohren vermieden werden kann (Abb. 20). Damit ist nicht nur die Anwendung einfacher, die bessere Blutversorgung lässt auch eine sicherere Heilung und bessere Infektabwehr erwarten. Ohne das Aufbohren der Markhöhle können nur Nägel mit kleinerem Durchmesser verwendet werden. Sie sind aber trotz vollem Querschnitt weniger fest und damit in ihrer Anwendung vor allem als Ersatz des temporären Fixateurs bei der Behandlung offener Frakturen ideal.

Optimierung der lokalen Infektabwehr: Implantate erschweren im Allgemeinen die lokale Infektabwehr. Implantate aus Stahl mit elektropolierter Oberfläche werden meist durch eine Kapsel umgeben, damit haften die Weichgewebe nicht. Tritt am Implantat ein Infekt auf, ist es für die körpereigene Infektabwehr schwierig, an den Infekt zu gelangen und diesen abzuwehren. Verhindert das Implantat das Anwachsen der Weichteile (wie etwa bei Stahl mit polierter Oberfläche), entsteht zwischen Kapsel und Implantat ein flüssigkeitsgefüllter Totraum (Abb. 21). Hier können sich Bakterien vermehren und ausbreiten. Das Reintitan mit seiner hohen Biokompatibilität und leicht rauen Oberfläche begünstigt das Anwachsen der Weichgewebe, minimale Kapselbildung und das Vermeiden des Totraums begünstigen die Infektabwehr. Das Anwachsen kann auch bei Stahl durch Aufrauen der Oberfläche erreicht werden (G. Richards).

In der Kontaktzone zwischen Implantat und Knochen entsteht totes Gewebe, das den Infekt begünstigt. Damit beeinflusst auch die Konstruktion der Implantate die Infektabwehr. Ideal sind Implantate, die eine geringe Kontaktfläche aufweisen und wie beim PC-Fix zusammenhängende Kontaktzonen (Nekrosestrassen) vermeiden. Zusammenhängende Nekrosen begünstigen das Ausbreiten von Infekten. Idealerweise

Abb. 19: Bewegung und Knochenauflösung. Untersuchung der Reaktion des Knochens auf Bewegung, sie betrifft die unerwünschte Implantatlockerung und erklärt den Ablauf der spontanen Heilung.

Abb. 19 a: Aktives Implantat. Es erlaubt durch pulsierenden hydraulischen Druck einen kleinen Stempel in unterschiedlicher Distanz zur Knochenoberfläche zu bewegen (U. Schneider, S. Tepic).

Abb. 19 b: Reaktion des Knochens. Knochenauflösung in der Nähe des bewegten Stempels. Die Kallusbildung auf der Gegenseite der Knochenrinde regt weitere Untersuchungen an.

sind die Implantate vom Knochen abgehoben und der Knochen damit von lebendem Gewebe umgeben.

Die Laboruntersuchung von Infekten setzt standardisierte Bedingungen voraus. Diese sind schwierig zu realisieren. Urs Schlegel hat mit seinen Mitarbeitern einen standardisierten Tierversuch entwickelt und nachgewiesen, dass bei der Titan-PC-Fix eine klinische Infektion erst dann auftritt, wenn mehr als 500-mal mehr Staphylokokken lokal injiziert werden als bei der konventionellen Stahlplatte, bei der viel weniger Staphylokokken zum Infekt führen (Abb. 22).

Dehnungstheorie: Im Zusammenhang mit der flexiblen Osteosynthese ergab sich die Frage nach der optimalen Instabilität, d. h. jener minimalen Instabilität, die die Frakturheilung anregt, ohne die solide Überbrückung durch zu hohe Deformation zu verhindern. Unterschiedliche Bewegung des Bruchs kann nicht erklären, warum ein Tier den Bruch trotz grosser Beweglichkeit des Bruchs heilen kann, während bei Osteosynthesen kleinste Instabilität (nicht sichtbare Bewegung) die Heilung verunmöglicht. Die Dehnungstheorie, eine Arbeitshypothese von Stephan Perren, zeigt, dass nicht die Beweglichkeit allein ausschlaggebend ist, wohl aber die Deforma-

tion (Abb. 23). Dehnung ist der Quotient aus Bewegung und Distanz der Fragmentflächen. Aus dieser Sicht ist die Resorption der Fragment-Enden, wie sie Lorenz Böhler postulierte, sinnvoll, da bei gleicher Beweglichkeit der Fragmente die Dehnung im Frakturspalt vermindert wird. Das ist eine Voraussetzung für die weitere Differenzierung des reparativen Gewebes.

Minimale Dehnung ist zur Anregung der Reparatur nötig, hohe Dehnung (grösser als die Elongation, bei der das Gewebe bricht) verhindert die solide Überbrückung. Grössere stabile Defekte heilen nicht, offensichtlich weil die Dehnung zu klein ist. Der heute noch allgemein gebräuchliche Ausdruck «critical size defect» wird damit kritisch hinterfragt. Die Frage, wie Zellen die Grösse des Defekts erfassen können, ist bisher von den Protagonisten der Critical-size-Theorie nicht beantwortet worden.

Rainer Hente und Bernd Füchtmeier haben experimentell mit In-vivo-Modellversuchen, die mit graduell unterschiedlicher Dehnung arbeiteten, den Zusammenhang zwischen lokaler Dehnung und Kallusbildung gezeigt. Sie konnten auch zeigen, dass andauernd «häufige» Bewegung des Bruchspalts die Heilung praktisch unterdrücken kann, auch wenn pro Minute nur eine Bewegung ausgeführt wird. Diese Beobachtung regt zu weiteren Untersuchungen an.

Stress protection: Es ist allgemein bekannt, dass unter der Platte und um den Marknagel, aber auch um die Stifte der Fixateure temporäre Knochenporose auftritt. Es lag daher auf der Hand, den oben beschriebenen Knochenverlust auf Grund des Wolff'schen Gesetzes zu erklären. Das Wolff'sche Gesetz von der Transformation der Knochen hat schon Ende des neunzehnten Jahrhunderts den Zusammenhang zwischen der Belastung und der Struktur des Knochens postuliert: wird der Knochen weniger belastet, nimmt seine Dichte und Struktur ab. Diese Erklärung war von bestechender, aber für die temporäre Osteosynthese nicht zutreffender Logik. Das am Knochen fixierte Implantat übernimmt einen Teil der Belastung (stress shielding). Daraus resultiert eine geringere Belastung des Knochens. Der «überflüssig» gewordene Knochen soll nach

30

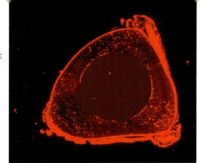
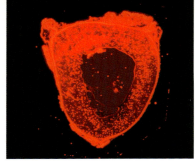

Abb. 20: Ungebohrte Marknagelung. Neue Marknagel-Technik zur Erhaltung der Durchblutung.

Abb. 20 a: Marknagelung nach Aufbohren. Die Markierung der aktiven Blutgefässe zeigt eine ausgedehnte Störung der Durchblutung. Nur wenige aktive Blutgefässe (hellrote Punkte) sind sichtbar (M. Klein).

Abb. 20 b: Durchblutung der Tibia nach Marknagelung ohne Aufbohren. Die Blutversorgung ist intakt. Im Knochen sind viele hellrot markierte Blutgefässe sichtbar.

dieser Theorie abgebaut werden. Das Ganze erhielt den unwiderstehlich attraktiven Namen «stress protection». Untersuchungen von Urs Lüthi, Mauro Vattolo, Kaspar Jörger und Emanuel Gautier haben in Davos gezeigt, dass das Wolff'sche Gesetz den frühen, temporären Knochenverlust in der Nähe von Implantaten nicht erklärt. Der Abbau des Knochens korreliert bei genauem Hinsehen mit der durch Implantatkontakt gestörten Durchblutung (Abb. 24). Dies gilt auch, wie Ulrich Pfister gezeigt hat, für die Marknagelung (Abb. 25a). Die Blutversorgung des Knochens geschieht über das Periost und das Endost (äussere und innere Hüllen des Knochenrohrs). Der Kontakt des Implantats mit diesen Weichteilhüllen blockiert die Zufuhr und/oder den Abfluss des Blutes. Als Folge stirbt der betroffene Bezirk des Knochens ab (Nekrose). Die Nekrose induziert im gesunden angrenzenden Knochen den Umbau der Havers'schen Osteone und damit den Ersatz des toten durch lebenden Knochen. Dieser Vorgang liegt auch der primären Heilung zu Grunde. Der so ausgelöste Umbau geht mit einer temporären Aufweitung (Porose) einher. Zwei Aspekte der «stress protection» hätten früher Beachtung verdient:

1. Wenn postuliert wird, dass verminderte Belastung zum Knochenabbau führt, hätte ein direkter Zusammenhang zwischen dem Muster der Entlastung und jenem des Knochenabbaus beobachtet werden müssen, dies ist bisher nicht nachgewiesen worden.
2. Würde der Knochen durch andauernde Entlastung vermindert, wäre nicht erklärbar, warum der beobachtete Knochenverlust nach etwa drei Monaten wieder völlig aufgefüllt ist.

Die unterschiedliche Erklärung des erwähnten Knochenverlusts hat grundsätzliche Bedeutung für die Entwicklung der Implantate: wäre der Knochenverlust durch verminderte Belastung erklärt, müssten die Implantate so wenig wie möglich Last vom Knochen übernehmen. Sie könnten dann im Extremfall die anatomische Rekonstruktion des Knochens nicht beibehalten. Wenn Kontaktfläche zum Knochenverlust führt, kann veränderter Knochenkontakt den Knochenverlust vermeiden. Dies liess sich bei An-

LOKALE INFEKTABWEHR OHNE HAFTUNG DES GEWEBES AM IMPLANTAT

DICHTE KAPSEL SCHLECHTE DURCHBLUTUNG

TOTRAUM ERLAUBT AUSBREITUNG DER BAKTERIEN

LOKALE INFEKTABWEHR MIT HAFTUNG DES GEWEBES AM IMPLANTAT

KEINE KAPSEL GUTE DURCHBLUTUNG

KEIN TOTRAUM, KEINE AUSBREITUNG DER BAKTERIEN

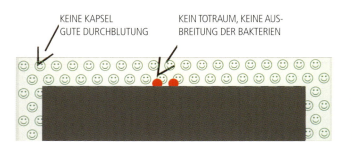

Abb. 21: Weichteil-Implantat. Kontakt: Unterschiede des Verhaltens der Weichteile mit wesentlichen Auswirkungen auf die Abwehr von Infekten.

Abb. 21 a: Mit Kapsel. Zwischen der Oberfläche des Implantats (grau) und dem umgebenden Weichgewebe hat sich eine Kapsel gebildet (braun) die einen flüssigkeitsgefüllten Totraum umschliesst. Im Totraum können sich Bakterien (rot) ausbreiten, die zelluläre Abwehr wird durch die dichte Kapsel behindert, die Bakterien können sich vermehren (G. Richards).

Abb. 21 b: Ohne Kapsel. Implantatmaterialien mit guter Gewebsverträglichkeit und leicht rauer Oberfläche erlauben das Anwachsen der Weichgewebe. Es entsteht kein Totraum und keine dichte Kapsel. Die Ausbreitung der Bakterien wird behindert und die zelluläre Abwehr begünstigt.

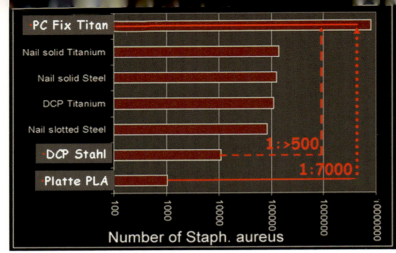

Abb. 22: Infektabwehr unterschiedlicher Implantate.
Lokale Resistenz gegen Infekt durch Staphylokokken. Die log. Achse gibt die Zahl der Bakterien, die zu einem klinischen Infekt führen. Untersuchung an Kaninchen. Sowohl das Material als auch die Art des Implantats sind wichtig. Der Unterschied der metallischen Implantate ist mehr als 1 zu >500 (U. Schlegel), biodegradierbare Implantate sind 10-mal ungünstiger.

wendung des PC-Fix nachweisen. So entstand in Davos eine neue Generation von plattenähnlichen Implantaten: Die inneren Fixateure, die heute in grossem Stil die Funktion der früheren Platten übernommen haben. Die blockierten Schrauben ermöglichten es z. B. beim PC-Fix einen minimalen Punktkontakt zu realisieren. Sie erlauben es auch, unikortikale Plattenschrauben zu verwenden. Diese bieten bei Anwendung selbst bohrender Schrauben grundlegende Vorteile. Eine Messung der benötigten Schraubenlänge wäre bei diesem Verfahren nicht möglich. Die unterschnittenen Auflageflächen der LC-DCP und der LCP (LC-DCP = DCPlatte mit limitiertem Kontakt, LCP = Kompressionsplatte mit blockierten Schrauben «locked compression plate») dienen der Verminderung der Kontaktfläche. Die vor 25 Jahren im Labor Davos entwickelte PC-Fix-Technologie (point contact fixator) bewies das Prinzip. Die Arbeiten von Alberto Fernandez und Norbert Haas wiesen die Vorteile nach. Die heute erfolgreiche LCP-Entwicklung durch Michael Wagner und Robert Frigg hat die Elemente der DCP und des PC-Fix mit dem Design der LC-DCP übernommen. Die in Davos am PC-Fix entwickelten, blockierten Osteosyntheseschrauben sind

bei der Behandlung porotischer Frakturen lebenswichtig, da sie eine wesentlich bessere Verankerung der Implantate erlauben.

Erklärung der Sequester-Bildung: Die Erklärung der temporären Porose bei Implantat-Kontakt (Platte, Marknagel, Pin des Fixateurs und Schrauben) zeigte, unter welchen Umständen und auf welche Art sich Knochensequester bilden (Abb. 25). Wird der durch Nekrose induzierte innere Umbau durch Irritation (Infekt, Instabilität, Unverträglichkeit etc.) intensiviert, kann durch Zusammenfliessen der Poren die Festigkeit des Knochens so weit verringert werden, dass die Struktur bricht und sich ein Sequester (abgespalteter, toter Knochen) bildet. Der Sequester verschlechtert die klinische Prognose eines Infekts beträchtlich. Er wurde daher auch Totenlade genannt. Es entspricht der chirurgischen Erfahrung, dass der Infekt nicht zur Ruhe kommt, solange ein Sequester vorhanden ist.

Grundlegend neue Ausrichtung der AO Osteosynthese: War das Hauptthema der frühen Forschung mechanisch und biomechanisch ausgerichtet, hat die Tätigkeit des Instituts und damit der AO Kliniken ab 1980 die Bedeutung der Biologie (Vermeidung der Knochennekrose) betont und damit eine grundlegende Umstellung der Knochenbruchbehandlung eingeleitet, von der Kompressions-Osteosynthese hin zur biologischen Osteosynthese (Abb. 10).

Beitrag an die AO Schulung: M. E. Müller hat zusammen mit dem AO Forschungsinstitut ein erfolgreiches Modell für weltweite Schulungen geschaffen. Mit Hilfe der Video-Instruktion sind in dieser Zusammenarbeit praktische Übungen standardisiert und damit weltweit zugänglich gemacht worden. Der Ersatz von humanen Knochen für die praktische Ausbildung geht auf die von U. Schneider, Davos, und R. Heller, Contraves, neu geschaffenen Kunstknochen zurück. Er war ein früher, praktisch wichtiger Beitrag des AO Forschungsinstituts (Abb. 26). Später wurde diese Tätigkeit von der Synbone übernommen.

Grundsätzliche Überlegungen zur Aufgabe und Organisation der Forschung am Beispiel des AO Forschungsinstituts und der AO Stiftung

Die Frage nach Zielen und Aufgaben eines Forschungsinstituts ist interessant und wichtig. Welche Arten der Forschungsarbeit kommen in Frage? Welche Bedeutung kommt den verschiedenen Arbeitsweisen für die Stiftung zu? Welche speziellen Erfordernisse sind zu beachten und mit welchen Problemen ist zu rechnen?

Aufgabe der AO Forschung kann sein, die Stiftung als wissenschaftlich kompetente Institution zu profilieren. Wissenschaftliche Anerkennung ist wichtig, sie kann aber nicht das eigentliche und nicht das alleinige Forschungsziel der AO Stiftung sein. Der AO Forschung kommt die Aufgabe zu, neue Wege zu realisieren, Bekanntes zu verbessern und die Grundlagenforschung der Klinik zugänglich zu machen, um die Behandlung des Unfallpatienten zu optimieren. Die Forschung soll der Stiftung ermöglichen, auf diesem Gebiet als führende Institution beizutragen.

Die unterschiedlichen Aufgaben und entsprechenden Arbeitsweisen:

– **Die wissenschaftliche Dienstleistung.** Forscher beantworten auf Grund ihrer Kompetenz praktische Fragen der Klinik und der Industrie. Sie betreffen beispielsweise Auskünfte über spezielle biomechanische Probleme.

– **Die wissenschaftliche Projektarbeit.** Sie ist in Aufgabe, Methode, Kosten und Zeitablauf streng strukturiert und resultiert in wissenschaftlichen Fachpublikationen. Die wissenschaftliche Projektarbeit erfolgt im Gebiet der Grundlagenforschung in enger Zusammenarbeit im Netz weltweit tätiger Institutionen, meist akademischer Forschung. Sie dient dem meist inkrementellen Fortschritt und zeigt Möglichkeiten auf, die Behandlung des Patienten zu optimieren. Als Beispiel sei die experimentelle Abklärung der lokalen Infektabwehr erwähnt.

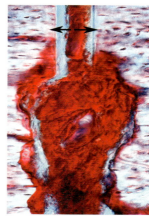

Abb. 23: «Strain»-Theorie.
Bewegter Osteotomiespalt, der zeigt, dass bei gleicher (Mikro-) Bewegung im weiten Spalt Reparaturgewebe überlebt, im schmalen Spalt nicht. Der Unterschied besteht in der verschiedenen relativen Deformation (strain) der Reparaturgewebe. In diesem Zusammenhang ermöglicht die Reaktion des Knochens auf Mikrobewegung (osteoklastische Resorption), wobei den Howship'schen Lakunen die Aufgabe zukommt, die Osteoklasten mechanisch zu schützen.

– **Die wissenschaftliche Kreativität.** Der kreativen unkonventionellen Forschung, dem Querdenken, kommt die eigentliche Aufgabe zu, wissenschaftliche und klinische Führung zu ermöglichen und unübliche neue Behandlungsweisen der Knochenverletzungen zu ermöglichen. Als Beispiele seien die Erkenntnis des Wesens des temporären Knochenverlusts und die anschliessende Optimierung der Heilung durch die Entwicklung des Fixateur intern, erwähnt.

Die Einteilung in diese drei Kategorien will nicht eine Wertskala widerspiegeln, sondern aufzeigen, dass verschiedene Arbeitsweisen unterschiedliche Umgebung, Steuerung und Bewertung verlangen. Alle drei Forschungsarten sind notwendig.

Die unterschiedliche **Bedeutung der erwähnten Arbeitsweisen** für die AO Stiftung ist offensichtlich:

– **Dienstleistung.** Ziel ist nicht die Wirkung nach aussen, ihr Beitrag an den Führungsanspruch der Stiftung ist begrenzt, trotzdem ist Dienstleistung unabdingbar, allein aber für die Stiftung unergiebig.

Dienstleistung setzt klare Kommunikation des Problems und der Lösung voraus.

– **Projektarbeit.** Sie festigt durch die nachfolgenden Publikationen den wissenschaftlichen Ruf der Stiftung. Dem Wesen der Vorgabe und dem daraus resultierenden Wissen gemäss, hilft sie Probleme zu lösen und verschiedene Methoden gegeneinander abzuwägen. Derartige Projektarbeit zeigt meist den besseren, seltener einen grundlegend neuen Weg auf.

Abb. 24: Histologie der Knochenreaktion. Unterschiedlicher Implantat-Kontakt und biologische Reaktion des Knochens.

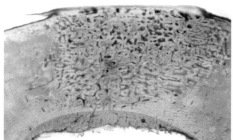

Abb. 24 a: Konventionelle Platte. Intensiver Knochenumbau unter einer DCP mit Flächenkontakt. Der zentrifugale Umbau geht über ein Stadium der Porose, wie es noch oben im Bilde sichtbar ist. Die experimentellen Abklärungen zeigten, dass diese Porose nicht durch Entlastung und Adaptation, sondern durch Nekrose infolge Implantat-Knochen-Kontakt induziert wird (E. Gautier).

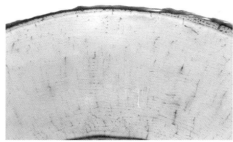

Abb. 24 b: Eine Platte ähnlicher Steifigkeit (PC-Fix) bewirkt keine Porose. Die isolierten minimalen Kontakte der Platte zur Knochenoberfläche vermeiden die Nekrose und damit den temporären Knochenverlust.

– **Kreativität.** Sie ermöglicht solide und langfristige Führung, die ihrerseits Kreation, Exploration, Validierung und die Fähigkeit der Verbreitung neuer Einsichten voraussetzt.

Langfristige und risikoreiche Grundlagenforschung vermeidet die ausgetretenen Wege hinter der Herde und ermöglicht echte Führung.

Spezifische Erfordernisse:

Wenn es unentbehrlich ist, dass **Projektarbeit** nach Bedarf auf veränderte Bedingungen und Anforderungen reagieren kann, ist auch bei dieser Forschung begrenzter Freiraum und Flexibilität der Vorgaben unabdingbar.

Die Möglichkeiten und Anforderungen der **kreativen Forschung** sind für den Aussenstehenden schwer einfühlbar. Sie lassen sich mit quantitativen Parametern kaum bewerten. Die kreative Forschung kommt auf lange Sicht zum Tragen. Sie wird bei der kurzfristig periodischen Beurteilung der wissenschaftlichen Leistung einer Institution meist nicht beachtet. Diese Art der Forschung stellt hohe Ansprüche an die Leitung. Sie sprengt den Rahmen und verlangt von der Führung Verständnis und Risikobereitschaft. Kreative Forschung bedingt einen wesentlichen Freiraum für Forscher und deren Arbeitsweisen. Kreative Forschung lässt sich im üblichen Sinne des Wortes nicht steuernd administrieren. Sie ist auch mit der Vorgabe früher und häufiger Publikationen und extensiver administrativer Tätigkeit unvereinbar. Das Risiko des Versagens einzelner Projekte muss einberechnet und akzeptiert werden.

Spezielle Erfordernisse stellt die Beurteilung der Qualität der Forschung. Wenn sie nicht intern kompetent beurteilt werden kann, ist die Beurteilung durch den Redaktionsausschuss wissenschaftlicher Zeitschriften ein oft gewählter Ausweg. Der Redaktionsausschuss beantwortet, ob die Arbeitsweise den ordentlichen Anforderungen genügt und mit dem Wissen der Rezensenten nicht kollidiert. Echter Fortschritt im Sinne neuer Einsicht wird damit kaum gefördert. Die Beurteilung der kreativen wissenschaftlichen Tätigkeit in Bezug auf ihren Wert für die Stif-

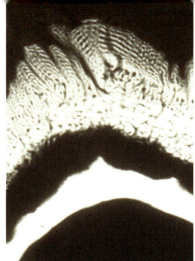

tung kann schwerlich an Stellen delegiert werden, die die spezifischen Erfordernisse der Stiftung nicht kennen oder nicht berücksichtigen. Die Beurteilung setzt gründliche Kenntnisse der Ziele, Funktion, Bedürfnisse und Kompetenz der Stiftung voraus. Die Wahl von einschlägigen, externen Experten als «auditors» ist hier ein tauglicher Lösungsansatz, wenn diese den erwähnten Kriterien entsprechen.

Ein weiterer Aspekt, der Beachtung verdient, ergibt sich aus dem Erfordernis, dass der Forscher eng und ständig die klinischen Probleme erleben kann, indem er informiert und damit motiviert wird. Er muss somit Mitglied jener Institutionen der Stiftung sein, die die Probleme der Klinik behandeln. Häufige Kontakte und gegenseitige Besuche mit den Klinikern sind wertvoll. In den oben erwähnten dreissig Jahren der AO Forschung haben jene Arbeiten die Führung der AO begründet, die landläufige Annahmen hinterfragten und neue Erkenntnisse akzeptierten. In jedem Gebiet der Forschungsarbeit in Davos hat die kreative Arbeit neue klinische Vorgehensweisen entwickelt, die mit der reinen Serviceleistung oder strukturierter Projektarbeit wenig Chance gehabt hätten. Unübliche Betrachtungsweisen, die in der Dehnungstheorie (Induktion und Toleranz der Reparatur) endeten, oder die Entwicklung der flexiblen Osteosynthese und des Fixateur intern, waren Neuland und beeinflussten die Klinik unmittelbar. So hat die Erforschung der Mechanismen der primären Knochenheilung und der Mechanismen der Nekrose klinisch erheblichen Fortschritt gebracht, indem sie die biologische Osteosynthese anregte und untermauerte. Auch die Forschungsergebnisse um die Pflege spontaner Gewebsreaktion bei erhaltener Funktion des gebrochenen Knochens hat die Art der Osteosynthese massgeblich beeinflusst. Wichtig ist, dass ein integriertes System entsteht, das durch Forschung und Kontrolle des klinischen Resultats und deren nahtlose Einbindung in die Schulung sich ausbreiten und überleben kann.

Bei der Entwicklung neuer Prinzipien und Methoden der Osteosynthese ist zu beachten, dass ein grosser Teil der Knochenbrüche durch Ärz-

Abb. 25 a: Durchblutung: Querschnitt durch einen Röhrenknochen, der mit einem Marknagel versehen war. Nach Injektion von Disulfinblau zeigt sich die Blutversorgung in dunklem Blau. Gegen die Markhöhle hin ist der Knochen nicht durchblutet, dazwischen die Umbauzone mit Porose (U. Pfister).

Abb. 25 b: Sequester: Radiographie eines ähnlichen Querschnitts. In der Umbauzone hat sich ein Sequester (toter Knochen) abgelöst. Derartige Sequester führen zu schweren Problemen bei Infekt, die Heilung eines Infektes setzt die Entfernung des Sequesters voraus (Runkel und Wenda).

te behandelt wird, die diese Chirurgie nicht alltäglich ausüben. Hinzu kommt, dass der Chirurg einen wesentlichen Teil seiner Aufmerksamkeit auf den chirurgischen Zugang konzentrieren muss. Damit darf die Technologie der Osteosynthese nicht allzu hohe technische Ansprüche an den Chirurgen stellen. Statt rigide Ansprüche zu stellen, muss die Technik tolerant («forgiving») sein. Der Chirurg sieht sich während der Operation mit biologischen Erfordernissen konfrontiert, und bei eingeschränkter Aufmerksamkeit ist die einfachere Technik die sicherere.

Die Beurteilung des Werts unüblicher Ideen ist anspruchsvoll. Sie bedingt vertiefte Diskussionen und kann durch einfache Umfragen bei den Endverbrauchern nicht erreicht werden. Beispiel, wie neue Ideen durch Verharren im Bekannten, in der Annahme, ohnehin über «bestbewährte Technologien» zu verfügen, ausgebremst wurden, ist die spä-

Abb. 26 a: Kunstknochen-Entwicklung des Forschungsinstituts zusammen mit Contraves. Die verschiedenen Knochen und ihre typischen Bracharten ermöglichten, die praktischen Übungen an den Kursen zu standardisieren (R. Heller und U. Schneider).

te Einführung des Verriegelungsnagels oder der blockierten Schrauben des Fixateur intern in der Klinik. Diese ist erst lange Zeit nach deren Konzept und Validierung erfolgt.

Kontraproduktiv sind Theorien, die uns einleuchten, weil sie unsere Gegebenheiten (Intelligenz und Logik) auf Strukturen und Organe übertragen. Dabei wird übersehen, dass diese Strukturen und Organe ihrerseits weder Intelligenz noch Logik aufweisen. Weiss der Knochen, was wir wissen? Will der Knochen etwas? Können Implantate intelligent sein?

Die Forschung der AO bietet einzigartige Möglichkeiten. Die klinischen Probleme stehen im Vordergrund, und die Verbesserung der Knochenbruchbehandlung ist vordringliches Ziel. Sie ist in ihrer Zielsetzung und damit folgerichtig geografisch von der universitären Forschung abge-

setzt. Die akademische Forschung ist nicht Leitbild, sondern notwendige Grundlage und Ergänzung der AO Forschung. Durch die Akzeptanz der AO Mitglieder getragen, konnte sich die Davoser AO Forschung in der Berichtsperiode weitgehend frei vom akademischen «publish or perish»-Druck entwickeln. Das Erfolgskriterium war allein die Hilfe, die dem Patienten durch innovative Abläufe ermöglicht wird. Bedingung ist, dass wichtige klinische Probleme angegangen werden und dass die entwickelten Technologien auch von allen entsprechend ausgebildeten Chirurgen beherrscht werden müssen, denn je einfacher eine Technologie ist, desto sicherer ist ihre Anwendung. Für den Forscher ist damit biologisches und technisches Interesse, aber auch Kontakt zu chirurgischen Kollegen in den verschiedenen Gremien der AO Stiftung grundlegend wichtig. Dem Druck wohlklingender Modeströmung, der Versuchung neuer Trends zu widerstehen, ist nicht leicht, aber mehr denn je dringend nötig. Die attraktiven Begriffe wie «biotechnology», «mechano-biology», «stimulation of bone healing», «tissue engineering» etc. müssen *sine ira et studio* konsequent auf ihren Beitrag an die Stiftung und damit an die Patienten beurteilt werden. In diesem Spannungsfeld kommt der AO Forschung eine höchst interessante, faszinierende und dankbare Aufgabe zu.

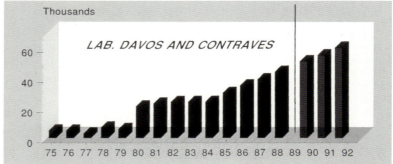

Abb. 26 b: Kunstknochen. Die Grafik zeigt, wie sich die Zahl der umgesetzten Kunstknochen bis zur Übernahme durch Synbone auf 50 000 pro Jahr entwickelte.

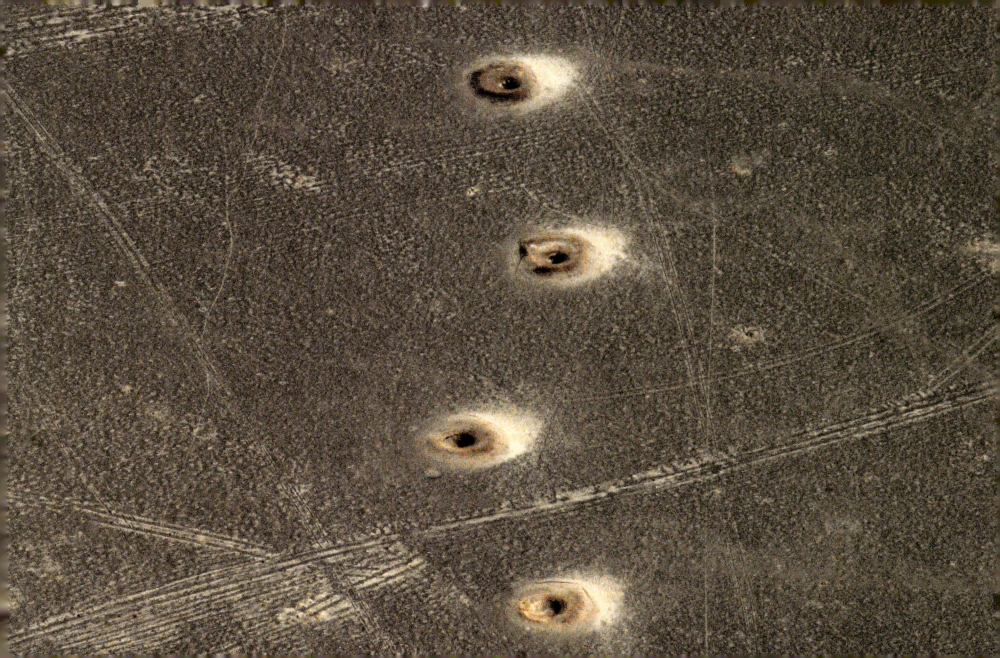

Abb. 27: Die Kerngruppe des frühen AO Vereins:
Von links nach rechts: Prof. Hans Willenegger, der erste Präsident der AO International; Prof. Robert Schneider, ein Kliniker mit grundlegendem Interesse an Biomechanik; Dr. Peter v. Rechenberg, er hielt die Gruppe oft divergierender Interessen und Meinungen zusammen; Prof. Martin Allgöwer, der die erste vollständig nachkontrollierte klinische Studie der Osteosynthese an Tibiafrakturen beitrug; Prof. Walter Bandi, der den Weg bereitete für die Osteosynthese proximaler Humerusfrakturen.

Echter Fortschritt kann nicht abgerufen werden, er kommt von innen und bedarf der Pflege des Umfelds und nicht der Steuerung und Kontrolle. Wichtig ist, dass der Forscher den täglichen Problemen der Klinik ausgesetzt wird, sie versteht und dadurch angeregt wird.

Ausblick

Wenn wir uns fragen, was die Rolle des AO Forschungsinstituts in der Zukunft ist, stehen folgende Aspekte im Vordergrund: das Davoser Zentrum eignet sich ideal für kreative Forschung und als zentrale AO Denkfabrik, die abseits von Hektik, in eine interdisziplinäre Forschergruppe eingebettet, optimal funktionieren kann. Die Davoser AO Forschung kann die auf ihrem Gebiet führende AO Stiftung mit humanen und technischen Ressourcen unterstützen. Diese Ressourcen müssen der dezentralisierten Forschung der AO zur Verfügung stehen. Eine logische Voraussetzung dabei ist, dass das Forschungszentrum Davos die Kommunikation und Koordination unter den Gruppen unterstützt. Die erwähnten Funktionen sind grundlegend wichtig, um die Aktivitäten in einer Welt, die immer mehr auseinanderdrängt, zu fokussieren.

Wie soll dies geschehen? Die Antwort ist: Weder zentrifugal in unkontrollierter Diversifikation noch zentripetal durch starre Hierarchie mit einem übergeordneten Zentrum. Wenn jede Institution das beiträgt, was sie am besten kann, wenn jeder Beitrag die notwendige Anerkennung auf gemeinsamer Ebene findet, dann ergibt sich eine echte, spontane und damit produktive Zusammenarbeit, die der Idee der Stiftung in idealer Weise entspricht. In einem derartigen Umfeld kann die Institution Davos als «Primus inter Pares» ohne Arroganz als natürlicher Referenzpunkt dienen. Es kommt hinzu, dass mittlerweile das Wort «Davos» in der Unfallchirurgie weltweit ein Markenzeichen («Brand») für solide und innovative Forschung geworden ist.

Die dreissig Jahre Forschung waren für mich Jahre faszinierender und unüblicher Forschungsaktivität. Ich bin überzeugt, dass die AO Stiftung in kommenden Dekaden diesen positiven Einsatz zum Wohl besserer Behandlung der Unfallpatienten weiterführen wird. Alle, die mit der Davoser Forschung engen Kontakt haben, können die einzigartige Ausstrahlung dieses einmaligen Zentrums fühlen. Ich bin der Fügung, die mir die Welt der Forschung eröffnete, dankbar, mehr noch danke ich allen, die zu diesem idealen Forschungsklima beigetragen haben.

Abb. 28: Bereits früh setzte die AO auf die allgemeine Fliegerei als Fortbewegungsmittel ihrer Wahl. Hier Maurice Müller, Bernhard Weber, Alexander Boitzy mit Stephan in Montpellier.

OSTEOPOROSE UND KNOCHENBRUCH

Stephan Perren und Michael Blauth

Einleitung

Immer mehr Menschen leiden an Knochenschwund, in Fachkreisen Osteoporose genannt. Ihre Folgen können schmerzbedingt zu Einschränkungen der Beweglichkeit führen (Abb. 1). Leid und Hilflosigkeit sind die Folge. Osteoporotische Knochenbrüche, die vor allem bei älteren Menschen vorkommen, können das Leben gefährden – Osteoporosis is a «silent killer»!

Folgen der Osteoporose sollen hier am Beispiel des Hüftbruchs eines älteren Patienten verdeutlicht werden: Der Knochenbruch führt zu starken Schmerzen und immobilisiert. Der Patient kann nicht aufstehen. Längere Bettruhe birgt ein hohes Risiko an Komplikationen des Blutkreislaufs (z. B. Thrombose) und der Atmung (z. B. Lungenentzündung). Druckstellen können entstehen. Ausserdem reagieren alte Patienten auf Schmerzen und dramatische Veränderungen ihrer Lebensumstände oft mit einer veränderten Bewusstseinslage. Die Mobilisation besonders der älteren Patienten stellt daher das Ziel der operativen Stabilisation des Bruchs dar. Die Behandlung von Knochenbrüchen im porotischen Knochen gestaltet sich aber oft schwierig: Die Mobilisation des Patienten setzt Belastung des stabilisierten Knochens voraus. Gleichzeitig vermindert der geschwächte Knochen die Belastbarkeit der Osteosynthese. Da die meisten älteren Menschen aus verschiedenen Gründen nicht in der Lage sind, das verletzte Körperteil nur teilweise zu belasten, stellt das Ganze sehr hohe Anforderungen an Chirurgen und Implantate. Neue Prinzipien und Technologien haben in letzter Zeit Wege aufgezeigt, wie die schicksalhafte Prognose des Patienten verbessert werden kann.

Osteoporose

Der Knochen macht einen dauernden Aufbau und Abbau durch. So kann sich der Knochen biologisch und mechanisch ständig erneuern und sich Belastungen anpassen. Durch hormonelle Veränderungen wird das Gleichgewicht dieses Umbaus im Alter, vorwiegend bei Frauen, gestört. Überwiegt der Knochenabbau, kommt es zur Osteoporose (Abb. 2 und 3). Gründe können Fehlernährung und Inaktivität sein. Heute wird auch vermutet, dass Inaktivität und Fehlernährung bei jungen Erwachsenen zur späteren Osteoporose führen. Von der Osteoporose grenzen wir den Knochenschwund durch fehlerhafte Knochenbildung in der Jugend, Rachitis und beim Erwachsenen Osteomalazie ab. Zur Entstehung von Rachitis und Osteomalazie tragen Fehlernährung (Mangel an Vitamin D) sowie zu geringe Sonnenbestrahlung der Haut bei.

Abb. 1: Osteoporose, sichtbare Veränderungen, sie spiegeln die Schwere der Erkrankung nur bedingt wider (International Osteoporosis Foundation).

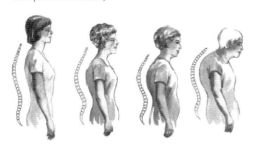

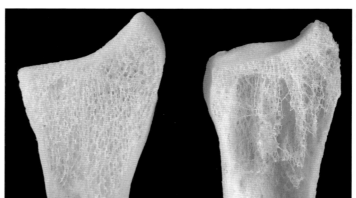

Abb. 2: Vorderarmknochen. Mazeriertes Präparat, links normaler Knochen, rechts porotischer Knochen.

Diagnose und Prognose

Osteoporose entsteht schleichend. Oft führt erst ein Knochenbruch zur Diagnose. Die unterschiedlichen Stadien des Knochenschwunds, nämlich der weniger ausgeprägte, Osteopenie, und der ausgeprägte, Osteoporose, werden nach Abweichung der Knochendichte von der Norm junger gesunder Menschen definiert. Nach Definition der WHO (World Health Organization) spricht man von Osteopenie, wenn die Knochendichte ausserhalb ~70% der Normverteilung liegt und von Osteoporose, wenn sie sich ausserhalb ~95% der Normalverteilung befindet.

Die am häufigsten angewandte Methode zur Messung der Knochendichte ist die sogenannte DEXA (Dual-Energy X-ray Absorptiometry). Sie bestimmt die Summe der Knochendichte an definierten Stellen des Skeletts. Eine spezialisierte Computertomographie (qCT, quantitative Computed Tomography) (Abb. 3) gibt Auskunft über Dichte und Struktur und erlaubt damit eine bessere Beurteilung der mechanischen Eigenschaften des Knochens. Ultraschall wird derzeit ebenfalls für die Diagnose der Porose eingesetzt, ist aber in Bezug auf die Beurteilung der Knochendichte und -struktur ungenau. Eine Verminderung der Knochendichte (BMD, Bone Mineral Density) um 10% soll bereits das Bruchrisiko verdoppeln. Der prognostische Wert der BMD ist aber um-

stritten. In letzter Zeit wird vorgeschlagen, dass einzig die Tatsache früher erlittener Knochenbrüche prognostisch hilft. Das Risiko, eine weitere Fraktur zu erleiden, ist bei Patienten mit einer vorgängigen Fraktur stark erhöht. Offensichtlich spielen aber auch zahlreiche andere Faktoren wie z. B. zusätzliche Erkrankungen für das Risiko, eine Fraktur zu erleiden, eine wesentliche Rolle.

Einfluss des Alters

Jede dritte Frau und jeder fünfte Mann leiden an Knochenverlust und seinen Folgen. Sind im Alter von 50 Jahren 5% betroffen, steigt diese Zahl bis zum 85. Lebensjahr auf 50%. Frauen über 75 Jahre sind etwa doppelt so häufig betroffen wie Männer. Ein Hinweis auf den Umfang der Gefährdung durch Osteoporose ergibt sich aus folgendem Vergleich: Das Risiko für eine Frau, einen porotischen Bruch zu erleiden, ist zweimal grösser als jenes, an Brustkrebs zu erkranken. 98% der Hüftbrüche treten bei Leuten auf, die älter als 35 Jahre sind, vier von fünf Brüchen bei Frauen. Einen Sturz zu erleiden ist bei älteren Menschen etwa dreimal wahrscheinlicher als beim jungen.

Vorkommen

Nach Erhebungen der WHO zählt die Osteoporose weltweit zu den 10 häufigsten Erkrankungen. Ihre Häufigkeit und sozioökonomischen Folgen werden aber unterschätzt: Weltweit wird sich die Zahl der über 80-Jährigen in den nächsten 40 Jahren verdreifachen. Diese Entwicklung der Bevölkerung stellt eine gesellschaftliche und medizinische Herausforderung dar. Die Zunahme sogenannter «alterstypischer» Erkrankungen erfordert auf vielen Gebieten ein generelles Umdenken. Für die Generation der älteren Menschen erhält die Osteoporose eine besondere Bedeutung. In Deutschland leiden ca. sechs Millionen und in Österreich gegen 700 000 Patienten an dieser Volkskrankheit.

Abb. 3 : Dreidimensionale Architektur des Geflechtknochens eines Lendenwirbels. Von links nach rechts nehmen Alter und Porose zu. (Computersimulation, Prof. R. Müller, ETH Zürich)

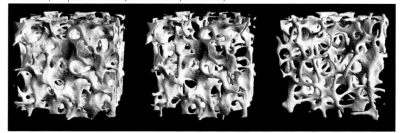

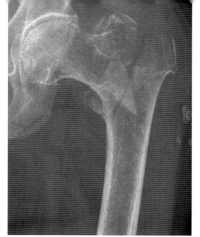
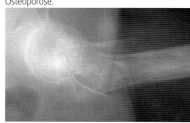

Abb. 4: Pertrochantäre Oberschenkelfraktur bei einer 92-jährigen Patientin nach Sturz in der Wohnung. Ausgeprägte Osteoporose.

Knochenbrüche bei Osteoporose

Weltweit erleiden 1,6 Millionen Menschen einen Hüftbruch bei Porose, drei Viertel dieser Patienten sind Frauen. Bis 2050 rechnet man mit einer Zunahme auf 4,5 bis 6,3 Millionen. In der Schweiz erwartet man für den Zeitraum von 2000 bis 2020 eine Zunahme der osteoporotischen Hüftbrüche um 33%, Wirbelkörperbrüche um 27% und Unterarmfrakturen um 19%. Diese Schätzung setzt voraus, dass die derzeitigen Vorsorge und Behandlung nicht verbessert würden. In den USA treten durch Porose jährlich mehr als eine Million Knochenbrüche auf. In Europa sind die auf die Bevölkerung umgerechneten Zahlen ähnlich. Alle 30 Sekunden erleidet ein Europäer einen Knochenbruch durch Osteoporose! Die Behandlungskosten belaufen sich auf 25 Milliarden Euro.

Behandlung

Tritt ein Knochenbruch auf, muss die Behandlung des Bruchs früh einsetzen. Nur bestimmte porotische Knochenbrüche, vor allem im Bereich der oberen Extremität, eignen sich für eine konservative, d. h. nicht chirurgische Behandlung. Die chirurgische Stabilisation des Bruchs dient dem Ziel, den Patienten schnell wieder zu mobilisieren und ihn funktionell wiederherzustellen. Nach den chirurgischen Sofortmassnahmen setzen die Behandlung der Porose und vor allem auch die Behandlung der geschwächten Bewegungs-Koordination ein. Die Nachbehandlung dient dem Ziel, Komplikationen (vor allem internistische) zu vermeiden und den Patienten und seine Umgebung möglichst so zu verbessern, dass keine weiteren Frakturen mehr auftreten. Die häufigsten Bruchformen bei Osteoporose sind Wirbelkörperbrüche, Frakturen des Handgelenks, hüftgelenknahe Frakturen und Oberarmkopfbrüche. Vor allem die Häufigkeit der Hüftfrakturen nimmt mit zunehmendem Alter dramatisch zu.

Bruch des Hüftknochens

Diese Frakturen entstehen durch «banale» Stürze aus dem Stand oder beim Aufstehen. 10 bis 15% der Stürze bewirken bei Porose einen Hüftbruch. Der Bruch des porotischen Hüftknochens (in den USA pro Jahr 300000 und in Europa 800000) stellt ein besonderes Problem dar, weil der Patient ohne Behandlung nicht mehr stehen oder gehen kann (Abb. 4). Ganz allgemein hat ein Knochenbruch zwei offensichtliche Folgen: jeder Versuch, die betroffene Extremität zu bewegen, ist schmerzhaft. Daher vermeidet der Patient jegliche Bewegung und Belastung. Bewegung ist aber eine lebenswichtige Voraussetzung, um z. B. Thrombosen, Embolien und Lungenentzündungen zu vermeiden. Professor Rossier hat dieses Problem prägnant zusammengefasst: «Das Bett ist der Freund des Jungen und der Feind des Alten.»

Die Behandlungsresultate der gefährlichen Hüftfrakturen waren bis vor Kurzem schlecht: Bei der üblichen Behandlung konnte nur ein Drittel der Patienten nach porotischen Hüftbrüchen wieder ein selbstständiges Leben führen. Ein Drittel war wesentlich behindert, und ein Drittel konnte das Bett oder den Rollstuhl nicht mehr verlassen. 20% der älteren Patienten mit Hüftbrüchen überlebten das erste Jahr nach dem Bruch nicht. Die Resultate der Osteosynthese nach neueren Erkenntnissen (flexible Fixation) und mit neuen Prinzipien und Implantaten (Fixateur interne) scheinen erfreulich besser. Solide Daten fehlen aber noch.

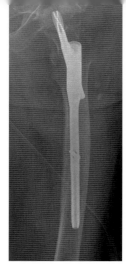
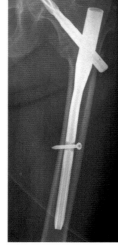

Abb. 5: Trotz zahlreicher zusätzlicher geriatrischer Erkrankungen Operation der Patientin am Tag der Aufnahme. Geschlossene Reposition auf dem Extensionstisch und Stabilisierung der Fraktur mit einem PFNa. Dieses Bild zeigt bereits die Kontrolle nach Mobilisierung der Patientin.

Wenn der Bruch stabil fixiert ist (Abb. 5), kann der Patient das Bein wieder schmerzfrei bewegen und belasten, er kann das Bett verlassen, Komplikationen werden seltener. Für den Chirurgen ist es schwierig, den porotischen Knochen so zu stabilisieren, dass er der Belastung bei der Mobilisierung des Patienten standhält. Implantate finden im porotischen Knochen wenig Halt. Hinzu kommt, dass der ältere Patient meist nicht im Stande ist, die Belastung der betroffenen Extremität zuverlässig zu steuern. Eine auch nur kurzfristige Überlastung genügt, die Implantate zu lockern oder, was seltener ist, sie zu brechen. Für die Stabilisation der Hüftbrüche werden kombinierte Implantate verwendet. Sie bestehen aus einem Element, das in den Schenkelhals eingeführt wird, in Kombination mit einen kurzen Platten- oder einem Marknagelanteil.

Abb. 6: Messung der mechanischen Eigenschaften des porotischen Knochens (N. Suhm).

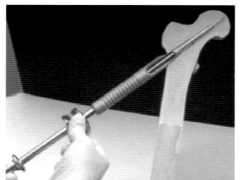

Eine neue Methode ermöglicht die intraoperative Messung der Knochendichte. Damit kann sich die Therapie den Gegebenheiten der Knochendichte anpassen (Abb. 6). Dabei werden die mechanischen Eigenschaften des Knochens (Festigkeit) direkt bestimmt, was ein wesentlicher Vorteil gegenüber der indirekten Methode der Messung allein der Knochendichte ist.

Bruch der Wirbelsäule

Porotische Wirbelbrüche (in den USA pro Jahr 500 000) betreffen Personen über 65 Jahre. Stürze sind für nur etwa einen Drittel der Wirbelsäulenfrakturen verantwortlich. Die Mehrzahl entsteht als Folge der Kompression der Knochen beim Heben schwerer Lasten oder Veränderungen der Position. Diese Brüche können mit geringen Symptomen unentdeckt bleiben, nur ein kleinerer Teil der Patienten muss hospitalisiert werden oder benötigt gar eine chirurgische Behandlung (Abb. 7). Dies betrifft in den USA ein Drittel der Wirbelbrüche, in Europa sind es 10 bis 30%. Bei einer operativen Stabilisierung von Wirbelbrüchen werden Stabsysteme verwendet und über angeklemmten Schrauben in Bogenwurzeln und Wirbelkörpern verankert und/oder der Knochen durch Zement verstärkt.

Abb. 7: Osteoporotische Fraktur des 1. Lendenwirbelkörpers bei einem 80-jährigen Mann 3 Wochen nach einem «Verhebetrauma». Auffüllung des gebrochenen Wirbelkörpers mit Knochenzement (Kyphoplastie). Sofortige und anhaltende Besserung der Schmerzen. Keine funktionellen Einbussen mehr.

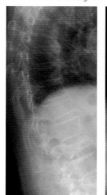
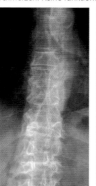
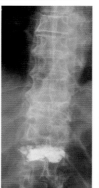
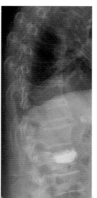

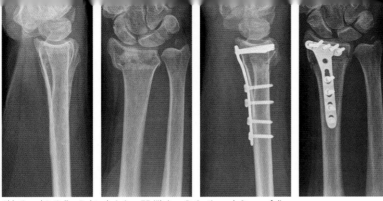

Abb. 8 und 9: Colles-Fraktur bei einer 75-jährigen Patientin nach Sturz auf die rechte Hand. Offene Reposition und Stabilisierung mit winkelstabiler AO-Platte. Keine Knochentransplantation. Der Gelenkwinkel im seitlichen Röntgenbild ist bewusst auf ca. 0 Grad eingestellt, da hiermit die besten funktionellen Ergebnisse zu erzielen sind.

Bruch des Vorderarms

In den USA treten pro Jahr 300 000 Brüche des Vorderarms bei Porose auf (Abb. 8). Vier von fünf Frakturen des Handgelenks erleiden Frauen. Diese Frakturen sind meist Folge eines Sturzes auf die ausgestreckte Hand. Die häufigste Bruchform ist die Colles-Fraktur. Sie entsteht durch dorsale (zum Handrücken) Abkippung, während die seltenere Smith-Fraktur durch volare (zur Handinnenfläche) Biegung bei jungen Erwachsenen und bei grösserer Gewalteinwirkung entsteht.

Die klassischen Brüche des Vorderarms werden teils mit externen Schienen aus Gips oder Kunststoff, teils mit Hilfe von speziell geformten Platten stabilisiert. Die Platten werden nach offener Reposition des Bruches einerseits gelenknah verankert und andererseits mit dem Knochenschaft verschraubt (Abb. 9). Hier hat sich – vor allem was die Verankerung in der Spongiosa betrifft – die Anwendung blockierter Schrauben bewährt und zunehmend durchgesetzt. Die Verplattung der distalen Radiusfraktur bringt statistisch signifikant bessere röntgenologische Ergebnisse als die Behandlung mit geschlossener Einrichtung und Gipsverband. Die Auffüllung von Knochendefekten nach Reposition hat sich durch die Verwendung winkelstabiler Implantate als überflüssig erwiesen.

Allgemeine Aspekte und Fortschritte der Behandlung

Die Schwierigkeit bestand lange Zeit darin, den porotischen Knochen so zu stabilisieren, dass er der Belastung des Patienten standhält. Neue Behandlungsprinzipien und Implantattechnologien tragen diesem Umstand Rechnung. Die Verankerungsschrauben sind so gestaltet, dass sie bei erhaltener Ausreissfestigkeit besser gegen Belastung quer zur Schraubenachse geschützt sind. Dies wird durch Vergrösserung des Kerndurchmessers und die stumpfere Form der Gewindegänge erreicht. Durch das Blockieren der Schraubenlage gegenüber der Platte wird die Belastung des Schraubengewindes verkleinert. Der Verbesserung der Ausreissfestigkeit dient auch die Neigung der Schrauben gegeneinander. Diese Methode bietet aber nach neuen Erkenntnissen nur Vorteile, wenn die Neigung mehr als 30 Grad beträgt.

Neuere Vorschläge, die Injektion von Biozement oder Metacrylat zur besseren Stabilisierung zu verwenden, zielen auf Vergrösserung der Kontaktfläche. Dieses Vorgehen kann aber gleichzeitig die Durchblutung stören. Die mechanischen Vorteile müssen daher gegen die biologischen Nachteile abgewogen werden. Die Technologie der Anwendung und die strukturellen Eigenschaften der Implantate sind heute darauf ausgerichtet, eine möglichst optimale Flexibilität der Stabilisierung zu gewährleisten. Kurzfristige Überlastung wird von einem flexiblen Implantat durch elastisches Nachgeben aufgenommen. Ein steifes Implantat würde zur Überlastung und irreversiblen Zerstörung der Knochen-Kontaktschicht mit dauerndem Verlust der Stabilität führen. Eine temporäre Störung der Heilung durch das Zerreissen neuer Knochenverbindungen ist dabei relativ harmlos: Der umbauende Knochen ist gut durchblutet und kann daher schnell wieder heilen.

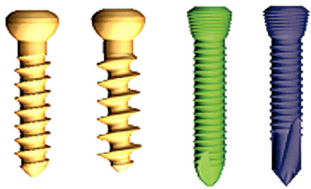

Abb. 10: Entwicklung der Knochenschrauben.
Links: Konventionelle Schrauben mit relativ dünnem Kern und scharfen Gewindekanten.
Rechts: Neue Schrauben mit dickem Kern und stumpfen Gewindekanten. Selbstschneidende und selbstbohrende Schraube.

Das Problem der Verankerung bei schwachen und spröden Knochen

Das schwächste Glied in der Stabilisierungskette Knochen–Implantat stellt, wie bereits erwähnt, die Kontaktschicht, das sog. Interface dar. Neue Implantate für die Behandlung porotischer Knochenbrüche tragen diesem Umstand Rechnung (Abb. 10). Besondere Erwähnung verdient die gegenseitige Anpassung der mechanischen Eigenschaften der Elemente dieser Stabilisierungskette. Da die strukturelle Festigkeit der Osteosynthese durch das schwächste Glied – meist die Kontaktschicht – gegeben ist, scheint es wenig sinnvoll, andere Elemente wie z.B. Platten mit hoher Festigkeit zu verwenden. Gleiches gilt, übertragen, für die Steifigkeit der Elemente: eine gegenüber dem schwachen Knochen überhöhte Steifigkeit, z.B. der Platte, hat keinen positiven Effekt, durch die erhöhte Belastung des Interface wirkt sie sogar schädlich. Bei limitierter Deformation der Platte (begrenztes Schliessen eines Bruchspalts) bewirkt eine flexiblere Platte eine kleinere Ausreissbelastung als die steifere Platte (Abb. 11). Vergleicht man die axiale Belastung der Plattenschrauben bei kurzen und langen Platten

(Abb. 12) und begrenztem Biegemoment, wird der positive Effekt des vergrösserten Hebelarms deutlich. Die Wahl der optimalen Flexibilität und Länge der Plattenimplantate hilft so, die Belastbarkeit der Osteosynthese zu verbessern.

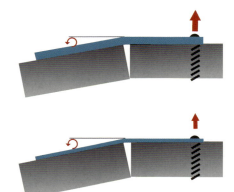

Abb. 11: Einfluss der Implantat-Steifigkeit auf die Ausrisskraft. Das Modell nimmt eine Deformationsbegrenzung (Schliessen des Bruchspalts) an. Flexible Platten mindern die Ausrisskraft.

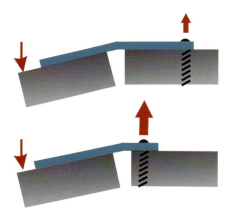

Abb. 12: Einfluss der Plattenlänge auf die Ausrisskraft. Bei Belastungsbegrenzung (offener Bruchspalt). Lange Platten helfen die Ausrisskraft zu mindern.

Zusammenfassung und Ausblick

Die Osteoporose ist häufig, sie nimmt rasch zu und kann schwere Folgen haben. Orthopädische Chirurgen und Unfallchirurgen sind zunehmend durch Frakturen bei alten und sehr alten Menschen mit der Porose konfrontiert. Die Forschung im Labor und in der Klinik hat die Implantate und ihre Anwendung zur Behandlung der osteoporotischen Brüche schrittweise verbessert. Die Mobilisation des Patienten dient dazu, lebensgefährliche Komplikationen zu vermeiden. Ziel ist es, dem Patienten wieder die Möglichkeit zu geben, ein selbstständiges Leben zu führen, aber auch durch eine entsprechende medikamentöse Therapie weitere osteoporotische Frakturen vermeiden zu helfen. Erste Resultate lassen hoffen, es bleibt aber noch viel zu tun.

Die AO Stiftung beschloss vor 2 Jahren, dem Problem «osteoporotische Frakturen» Priorität in Klinik und Forschung zu geben (www. aofoundation.org/cpp). Der Grundgedanke ist, dass die Osteoporose nicht nur zu vermehrten Frakturen führt, sondern auch deren Behandlung wesentlich beeinflusst. Michael Blauth, Norbert Suhm und Jörg Goldhahn wurden beauftragt, das Programm zu entwickeln und zu implementieren. Es besteht aus über 20 teilweise umfangreichen Projekten, die sich in die folgenden Bereiche gliedern:

– Systematische prospektive, multizentrische und internationale klinische Studien untersuchen, wie der Faktor Osteoporose das Ergebnis der Frakturbehandlung beeinflusst.
– Intraoperative Diagnostik der Knochenqualität im Frakturgebiet, um dem Chirurgen zu erlauben, das Operationsverfahren je nach individueller Knochenqualität zu wählen.
– Simulation des osteoporotischen Knochenabbaus (siehe Abb. 3) mit der Methode finiter Elemente, zur Optimierung der Implantate.

– Virtuelle Testung und Optimierung neuer Stabilisationsverfahren. Getestet wird z. B. die verbesserte Fixation von periprothetischen Frakturen des osteoporotischen Knochens.
– Studium der Kontaktzone zwischen Implantat und Knochen. Hier ist die Analyse mechanischer und biologischer Interaktionen im Vordergrund.
– Die Lehre dient dazu, die neuen Erkenntnisse in der Klinik weltweit zum Tragen zu bringen. Die Lehre ist eine wichtige und einmalig erfolgreiche AO-Tätigkeit. Einschlägig sind die «Geriatric Fracture Courses». Gelehrt wird die integrierte Behandlung der alten Menschen gemeinsam durch Unfallchirurgen und Geriater. Dem übergeordneten Ziel dient auch die Entwicklung von «Geriatric Fracture Centers», Einrichtungen, in welchen diese Prinzipien im klinischen Alltag umgesetzt werden.

Alle Institute der AO sind in Bezug auf die erwähnten Tätigkeiten vernetzt, dazu gehören auch nationale und internationale Organisationen wie die internationale Osteoporose-Stiftung. Angesprochen sind ferner die Hersteller von Implantaten, von Medikamenten und nicht zuletzt von spezifisch entwickelten Nahrungsmitteln.

Weitere Informationen: www.aofoundation.org/cpp

REISETAGEBUCH

Nicolas und Stephan Perren

VON ZÜRICH NACH SYDNEY

27. SEPTEMBER BIS 4. NOVEMBER 2005

22 898 KILOMETER
3350 LITER BENZIN
14,4 L / 100 KM EFFIZIENZ
76:49 FLUGSTUNDEN
298 KM/H DURCHSCHNITTSGESCHWINDIGKEIT

1 ZÜRICH, SCHWEIZ	7 NEU-DELHI, INDIEN	13 SIAM REAP, KAMBODSCHA	19 DARWIN, AUSTRALIEN
2 ISTANBUL, TÜRKEI	8 KATHMANDU, NEPAL	14 PATTAYA, THAILAND	20 ALICE SPRINGS, AUSTRALIEN
3 TÄBRIS, IRAN	9 KOLKATA, INDIEN	15 KUALA LUMPUR, MALAYSIA	21 WINDORAH, AUSTRALIEN
4 ISFAHAN, IRAN	10 BAGAN, MYANMAR	16 SINGAPUR, SINGAPUR	22 BRISBANE, AUSTRALIEN
5 ZAHEDAN, IRAN	11 CHIANG MAI, THAILAND	17 JAKARTA, INDONESIEN	23 SYDNEY, AUSTRALIEN
6 AHMEDABAD, INDIEN	12 U-TAPAO, THAILAND	18 DENPASAR, INDONESIEN	

ZÜRICH – ISTANBUL, TÜRKEI

Dienstag, 27. September Heute ist der grosse Tag. Das Abenteuer beginnt. Seit 12 Monaten laufen die Vorbereitungen: Umbau des Flugzeugs zur Vergrösserung der Reichweite, zusätzliche Funkausrüstung, Satellitentelefon, Navigationshilfen. Stephan erarbeitete die Flugpläne unter Berücksichtigung vieler Komponenten: dem Termindruck seiner wissenschaftlichen Vorträge, einer Auswahl fotografisch interessanten Strecken, der Reichweite des Flugzeugs, den Zollstationen auf den Flugplätzen, der Verfügbarkeit von Flugbenzin und den Luftstrassen. Nun ist alles bereit. Nervös, aber gefasst und konzentriert besteigen wir das Flugzeug. Vor uns das Unbekannte mit Gefahren und Überraschungen. Was werden die prägenden Eindrücke der Reise sein? Der Motor springt an, und wir rollen an den Start. Zuverlässig klettert das Flugzeug über die schneebedeckten Gipfel der Alpen. Wir atmen dosiert und überwacht Sauerstoff. Das Wetter ist schwieriger als erwartet. Wolken und tiefe Temperaturen lassen Eisbildung vermuten. Wir ändern den Flugplan. Statt über Österreich und Slowenien, fliegen wir weiter südlich: Italien, Kroatien, Serbien und Bulgarien, dann in die Türkei. Nach schwierigem Wetter über den Alpen klärt es im Süden weitgehend auf. Wunderbare Momente erleben wir, wie den graduellen Übergang von Meer und Land über den Inseln der kroatischen Adriaküste und landeinwärts die nebelverhangenen Hügel. Wir überfliegen bis nach Istanbul wenig besiedeltes Gebiet. Hauptsächlich Landwirtschaft, nur eine Stadt, Sofia. Es ist unglaublich, mehr als 6 Stunden vergingen buchstäblich im Fluge. Sprachbarrieren und administrative Hürden werden durch lokale Helfer, sogenannte Ground Handling Agents, überwunden.

Zürich-Kloten am Tag des Abflugs mit der gesamten Ausrüstung.

Mit den Ground Handling Agents in Istanbul.

ISTANBUL – TÄBRIS, IRAN

Mittwoch, 28. September Der erste Abschnitt des Flugwegs über die Türkei ist beschaulich: Nicolas fotografiert, Stephan setzt die Kurzwellenstation in Betrieb. Wir können uns mit den Funkfreunden in der Schweiz unterhalten. Die Kurzwellenstation nimmt zusätzlich die Daten der GPS-Satelliten-Navigation auf und sendet sie über Winlink an die Homepage. Richard Vogel hat die Homepage so programmiert, dass die aktuelle Position des Flugzeugs am Bildschirm verfolgt werden kann. Täbris hat gutes Wetter gemeldet. Gerne wüssten wir, was dazwischen liegt. Am Morgen machten strikte Sicherheitsmassnahmen am Flugplatz eine persönliche Flugwetterbetratung unmöglich. Wir erhalten aber über die Ground-Handling-Agenten ein Paket der notwendigen Wetterkarten. Und tatsächlich wird das Wetter in den türkischen Bergen schwieriger, es bauen sich Gewitter auf. Immer höher müssen wir ausweichen. Die Nähe der Kriegszone Irak erlaubt in diesem heiklen Abschnitt des Flugs ein Ausweichen nach Süden nicht. Am Ende fliegen wir auf einer Höhe von 6500 Metern. Der Körper spürt trotz Sauerstoffzufuhr die Anstrengung. Jetzt ist Vorsicht geboten. Fehler infolge Konzentrationsmangels könnten die Folge sein. Wir suchen mit Hilfe des Stormscopes einen Weg durch die Wolken. Der Funkverkehr wird durch die grosse Distanz zu den Kontrollern immer schwieriger. Manchmal melden sich Linienflugzeuge und vermitteln. Unter uns steigt die Berglandschaft immer höher. Die wenigen Ausblicke nach unten zeigen eine karge, trockene Landschaft. Verstreut liegen kleine Ansammlungen von

Mit dem Ground Handling Agent in Täbris. Ein ehemaliger Luftwaffen-Offizier.

Lautsprecheranlage im
Shah-Goli-Park von Täbris.

Häusern. Wir sind nahe am Dreiländereck Türkei-Iran-Irak. Militäranlagen prägen das Besiedlungsbild. Kurz vor der iranischen Grenze überfliegen wir eine Hochebene. Sie ist geprägt vom riesigen Van-See, einer türkisfarbenen Wasserfläche. In vielen Verästelungen nimmt der See die gesamte Hochebene ein und erstreckt sich über eine weite Fläche. Nach dem Grenzübergang Bonam haben wir Kontakt zur Flugverkehrskontrolle von Teheran. Unmittelbar vor Täbris können wir endlich auf 2000 Meter absteigen.

Die Dörfer sind kompakter, die Häuser weisen die typischen Lehmdächer auf. Täbris liegt auf 1000 m Höhe und ist von Bergen umgeben.

Stephan im Gespräch mit der endokrinologischen
Abteilung der Universität von Täbris.

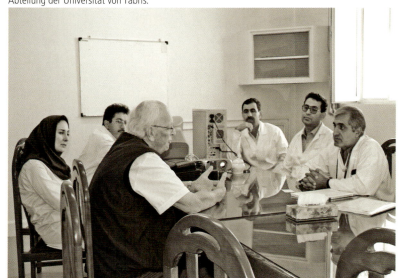

Wir fliegen eine Schleife über die Stadt. Es ist ein ungewohntes und beeindruckendes Bild einer Stadt: die Landschaft, die Strassen und die Häuser, Fassaden und Lehmdächer, alle haben die gleiche Farbe. Die Stadt erscheint aus der Landschaft herausgeschnitzt. Kaum sind wir gelandet, regnet es dort zum erstem Mal seit 4 Monaten.

TÄBRIS

Donnerstag, 29. September Am Morgen treffen wir die Endokrinologen der Universitätsklinik Täbris. Professor Bahrani und seine Mitarbeiter begrüssen uns herzlich und erläutern den Stand ihrer Forschung und klinischen Therapie der Osteoporose. In verschiedenen Gesprächen im Iran ergibt sich ein einheitliches Bild. Osteoporose betrifft dort unüblich viele junge, vor allem weibliche Personen, weil sie der Sonne wenig ausgesetzt sind. Wir verabschieden uns von den Endokrinologen nach dem Mittagessen. Es herrscht eine freundschaftliche Atmosphäre und warmes persönliches Interesse. Ab Mittag machen wir eine Stadtführung. Am meisten beeindruckt uns der Basar. Dort umgibt uns eine unglaubliche Dichte von verschiedenen sinnlichen Eindrücken: exotische Düfte, farbenfrohe Bilder und eine vibrierende Klangkulisse. Die persischen Teppiche sind Meisterwerke. Frauen in traditioneller Kleidung, ganze Schulklassen in der gleichen Kleidung beleben die Strassen. Am anderen Morgen die grosse Überraschung: Im Iran werden keine Kreditkarten und keine Reisechecks angenommen. Das Hotel lässt sich nur bar in US-Dollar bezahlen. Wir müssen uns nun schnellstmöglich um Bares kümmern.

TÄBRIS – ISFAHAN, IRAN

Freitag, 30. September Am Flugplatz erwartet uns mit den Flugplatzgebühren eine weitere Überraschung: Für die Landung, das Parken und die Benutzung der Luftstrassen sollen wir genauso viel wie ein grosses Linienflugzeug bezahlen, und das auch noch bar in US-Dollar. «Standardtarif», heisst es. Wir handeln den Preis auf einen Betrag hinunter, den wir mit unserer verbleibenden gesamten Barschaft bezahlen können. Zu wissen, dass wir dasselbe Problem in Isfahan haben werden, lässt unsere Stimmung in den Keller purzeln. Stunden später, Abflug nach Isfahan. Der Flug über die Wüste ist wunderbar, aber auch einsam. Nach der Ankunft in Isfahan gilt unsere Hauptsorge der Ebbe in der Kasse. Alice klärt mit Frau Ladina Mayer von der Kantonalbank Davos verschiedene Möglichkeiten des Geldtransfers ab. Vergeblich, wir sind in der Klemme. Erich Schneider und Sonia Wahl vom AO Forschungsinstitut stellen den Kontakt zur lokalen Synthesvertretung her. Herr Amirabadian hilft uns mit einem Darlehen aus der Patsche. Später organisieren Herr Amirabadian und seine Mitarbeiter in Isfahan ein Treffen mit den lokalen Chirurgen und Orthopäden. Am Abend machen wir einen Rundgang durch die Stadt. Der Streifzug führt uns an unwirklich schöne Orte. Durch einen Park, in dem sich die Isfahanis an ihrem freien Tag vergnügen, zum grossen Iman-Platz, den wir aus einer kleinen Gasse betreten. Vor uns erhebt sich ein rechteckiger Platz von 500 mal 150 Metern. An dem Platz liegen zwei Moscheen und ein Palast. Die Besichtigung der Blauen Moschee ist ein entrücktes Erlebnis. Die Übergänge von innen und aussen verschwimmen. Flaneure, Gläubige, Händler und gelegentliche Touristen strömen in und aus der Moschee. Die Beleuchtung der untergehenden Sonne taucht den gesamten Gebäudekomplex in ein irreales Licht. Alles wirkt wie eine Kulisse und ist wunderbar real. Die Farben und der Glanz der Fliesen betonen die Formen dieser beeindruckenden Gebäude.

Stephan im Gespräch mit Vertretern der endokrinologischen Abteilung der Universität von Teheran.

ISFAHAN

Samstag, 1. Oktober Eine endokrinologische Delegation aus dem Forschungszentrum von Teheran (EMRC Endocrinology and Metabolic Research Center) besucht uns in Isfahan, die aus Teheran eingeflogenen Mitarbeiter der EMRC von Prof. Larijani. Eine ausführliche Powerpoint-Präsentation von Dr. Milham Mir zeigt die Struktur der iranischen Aktivitäten im Kampf gegen die Osteoporose. Ein hoch entwickeltes Projekt, das mit grossem Engagement verfolgt wird. Möglichkeiten der Zusammenarbeit werden besprochen. Nach einer kürzlich erfolgten Studie von Soveid liegt die Häufigkeit der osteoporotisch bedingten Hüftfrakturen in Shiraz über der ohnehin schon hohen Häufigkeit in Asien.

Am Nachmittag besuchen wir die beiden Moscheen des Iman-Platzes und den Palast von Ali Qapu. Architektonischer Reichtum prägt diese Stadt. Wir besuchen die orthodoxe Vank-Kathedrale und die «Schwankenden Minarette», danach die Si-o-se-Pol-Brücke, die mit ihren 33 Bogen den Yazande-Rud-Fluss überspannt. Am Abend treffen wir die lokalen Orthopäden zu Gespräch und Essen. Das Treffen findet im Hof des Hotels Abbasi statt. Fassaden im Stil des Iman-Platzes umgeben den mit Palmen und Wasserspielen schön gestalteten Hof. An diesem einmaligen Ort erleben wir einen unvergesslichen Abend mit prägenden menschlichen und fachlichen Eindrücken.

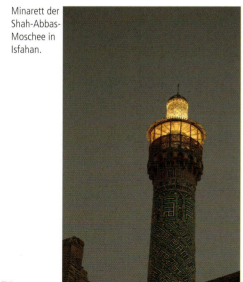

Minarett der Shah-Abbas-Moschee in Isfahan.

Innenraum der christlich-orthodoxen Vank-Kathedrale von Isfahan.

ESFAHÂN
NAJAFÂBÂD
YAZD
BÎRJAND
ZÂBOL
RAFSANJÂN KERMÂN
MARV DASHT
SHÎRÂZ
SÎRJÂN
ZÂHEDÂN
JAHROM
BANDAR-E ´ABBÂS

die Menschen hier leben. Die Nähe der afghanischen Grenze ist deutlich fühlbar, Zahedan ist eine kleine Insel in einem grossen Land mit stolzer 6000 Jahre alter Geschichte. Als wir landen, warten bereits ein halbes Dutzend Leute, um uns beim Verlassen des Flugzeugs zuzusehen. In Zahedan gibt es Benzin aus zwei Benzinfässern auf einem kleinen Lastwagen. Mit einer Handpumpe wird das Benzin ins Flugzeug gepumpt. Wir filtern es durch ein Wildleder, damit keine Schwebeteile oder andere Schmutzpartikel in den Tank gelangen. Die Formalitäten werden mit Händen und Bruchstücken der englischen Sprache abgewickelt. Alle sind sehr höflich, wenn auch distanziert. Dr. Shewnasi, Vertreter der Synthes in Zahedan, taucht mit seiner persönlichen Assistentin auf, die auch für Hilfsorganisationen und NGOs arbeitet. Am Abend werden wir zu einem Essen mit lokalen Ärzten eingeladen, das Dr. Saha organisiert hat. Ein erfreulicher Abend mit freundlichen, aufgeweckten Chirurgen und Orthopäden, die überraschend gut über die neuen AO Techniken und ihre Anwendung bei Osteoporose orientiert sind.

ISFAHAN – ZAHEDAN, IRAN

Sonntag, 2. Oktober Der Flug nach Zahedan führt über Yazd, Zentrum der Seidenfärberei und Teppichindustrie, auf 1200 Meter. Wir überqueren die fast 3000 Meter hohe Kuhaye-Kuhpaye-Bergkette. Sie liefert über ein ausgeklügeltes Kanalnetz, Quanats, Wasser in die Wüstenstädte. Kerman liegt auf 1750 Meter am Rande der Lut-Wüste, auch «Wüste der Leere» genannt, wahrlich eine treffende Beschreibung. Wir überfliegen Bam, das im Dezember 2003 von einem verheerenden Erdbeben zerstört wurde. Weiter geht es über die Wüste nach Zahedan am Dreiländereck, Iran-Pakistan-Afghanistan. Kahle Wüste und Bergketten erscheinen im wechselnden Rhythmus. Auf grossen Strassen sind viele Lastwagen unterwegs. Zahedan erinnert an Mos Eisley in dem Film «Star Wars». Rundherum Wüste, scheint sich die gesamte Zivilisation an diesem letzten Punkt vor dem Nichts zu kondensieren. Die Stadt besteht aus einer Ansammlung unterschiedlicher Quader, die sich harmonisch in die Wüste einbetten. Es ist schwer zu verstehen, wovon

Im Goldmarkt von Zahedan.

Auftanken des Flugzeugs in Zahedan.

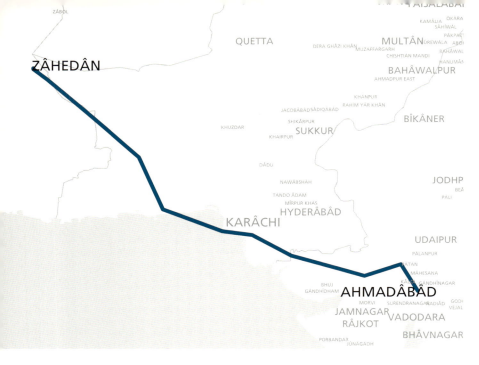

ZÂBOL

ZÂHEDÂN

QUETTA

KAMÂLIA OKÂRA
SÂHIWÂL
DERA GHÂZI KHÂN PÂKPAÂN
URÊWÂLA ABÊ

MULTÂN
MUZAFFARGARH
FAISALÂBAD

BAHÂWAL
CHISHTIÂN MANDI

BAHÂWALPUR
AHMADPUR EAST

KHANPUR
RAHIM YÂR KHÂN
JACOBÂBÂDSÂDIQÂBÂD

BÎKÂNER

KHUZDAR
SHIKÂRPUR
KHAIRPUR

SUKKUR

DÂDU
NAWÂBSHAH

JODHP
BEÂ
PÂLI

TANDO ÂDAM
MÎRPUR KHÂS

HYDERÂBÂD

KARÂCHI

UDAIPUR

PÂLANPUR

PÂTAN
MÂHESANA
KÂLOL GÂNDHÎNAGAR

BHUJ
GÂNDHÎDHÂM

AHMADÂBÂD

MORVI
SURENDRANAGARRÂDIÂD
GÛDI
VEJAL

JAMNAGAR
RÂJKOT VADODARA

PORBANDAR
JÛNÂGADH

BHÂVNAGAR

Stephan nach der Landung in Ahmedabad, 38 Grad Celsius.

ZAHEDAN – AHMEDABAD, INDIEN

Montag, 3. Oktober Um 04:30 fahren wir zum Flughafen. Es ist noch dunkel. Nach minutenlangem Klopfen erscheint ein schläfriger Beamter. Die Röntgenmaschine für das Gepäck muss gestartet werden. Dann muss der Zollbeamte geweckt werden. Er hat in seinem Büro geschlafen. Auch er muss seine Maschinen starten. Das Gepäck wird erneut gescannt, dann erfolgt eine intensive Gepäckkontrolle. Der Zöllner will alles sehen, er steht nicht unter Druck, wir lassen ihn unsere Ungeduld nicht merken. Dann wird der Beamte für die notwendigen Stempel gesucht. Unser Ground Handling Agent verschwindet für eine halbe Stunde. Dann ist er wieder da und hat die Stempel. Der Abflug verzögert sich. Die Pakistani geben den Flug über Karatschi noch nicht frei. Das kann nicht lange dauern, denn wir blockieren die einzige Piste und damit den ganzen Luftverkehr in Zahedan. Dann endlich die Freigabe. Wir starten über das frühmorgendliche Zahedan: Die Stadt liegt

im goldenen Glanz der aufgehenden Sonne. Kurz nach dem Start ist die pakistanische Grenze erreicht. Wir fliegen wieder über Wüsten und Bergketten. Bergformationen, wie mit einem Kamm geformt. Praktisch keine Besiedlung, spärliche Vegetation. Weiter geht es über das Meer an Karatschi vorbei. Die Ausmasse von Karatschi sind schwer zu erfassen. Als Erstes überfliegen wir einen grossen Hafen, der hinter einer vorgelagerten Insel in einer Lagune liegt. Dann sehen wir eine erste dicht bebaute Inselgruppe. Es ist der Containerhafen, überall Schiffe. Die Stadt erstreckt sich weit landeinwärts. Bei Karatschi bestimmt weiterhin trockenes Braun das Bild, später dann spärliches Grün. Wir fliegen über das Indus-Delta. Meilenweit Schlickland und kleine Inseln. Reservoirs und Regenrückhaltebecken sind gefüllt. Der Monsun ist noch nicht lange vorbei. Noch vor wenigen Tagen konnte die Swiss, der Monsun-Überschwemmungen wegen, Bombay nicht anfliegen. Das Glück ist auf unserer Seite, das Wetter könnte nicht besser sein. Das Land wird grün. Landwirtschaft, Äcker und Wiesen prägen das Bild. Die Besiedlung wird dichter. Die indischen Controller sind, was den Luftverkehr betrifft, entgegenkommend und effizient, die Administration am Boden wird uns mehr beschäftigen. Kurz nach der Landung werden wir nach dem Ausmass unseres restlichen Benzinvorrats gefragt. Wir wollen nicht den Eindruck aufkommen lassen, als wären wir mit knapper Benzinreserve gelandet. Zu unserer Überraschung müssen wir den grosszügig deklarierten Tankinhalt verzollen. Die indische Administration aus der Kolonialzeit feierte noch mehrfach Exzesse, Formulare über Formulare in glühender Hitze. Dann der Zoll. Alles, was aus dem Flugzeug mitgenommen wird, muss aufgeschrieben werden, mit Fabrikat, Typ und Seriennummer. Und das, was im Flugzeug bleibt, ebenfalls mit gleicher Akribie. Dann wird das Flugzeug versiegelt. Was soll also die Liste? Nach dieser ganzen bürokratischen Willkür gehts in die Stadt Ahmedabad. Auf den engen, viel befahrenen Strassen herrscht bewegtestes Leben. Wir sind begeistert. Die Leute leben in Zelten auf den Gehwegen. Da-

Die Adalaj-Stufenquelle nahe Ahmedabad, 1499 erbaut.

Stephan vor dem Geldempfang.   Nicolas nach dem Geldempfang.

neben gibt es Höhlen, aus denen Frauen in Saris auftauchen. Kleidung, Haltung und Gang dieser Leute stehen in krassem Gegensatz zur Unordnung auf der Strasse. Kühe, Hunde, Kamele, alles läuft durcheinander. Die Geschwindigkeitsunterschiede sind atemberaubend: Fussgänger, Handkarren, Fahrräder, viele Motorräder mit bis zu 5 Passagieren, Dreiräder, Lastwagen, Busse und Autos. Dazwischen überall Menschen, bunt leuchtend. Der einseitigen Kommunikation auf den Strassen dienen allein die Hupen: ich komme, ich überhole, mach Platz, Achtung, Vorsicht und Danke. Meist ohne Aggression mit viel Lärm. Im Gegensatz zum Iran wird hier aber die rote Ampel beachtet. Diese Saris, bunt und elegant. Was für ein Unterschied zum Iran.

AHMEDABAD

Dienstag, 4. Oktober Ahmedabad ist eine sehr lebendige Stadt. Europäische Städte wirken dagegen wie ausgestorben. Zuerst besuchen wir das Wohnhaus von Mahatma Gandhi. Hier lebte er in den 30er-Jahren und empfing viele Staatsgäste. Daneben wurde ein Museum aus offenen Pavillons errichtet. Überall sind Schulklassen. Im Fluss daneben waschen Leute ihre Wäsche. Wir fahren zu einem Steppwell. Das ist ein Brunnen, der sieben Geschosse tief in den Boden gegraben wurde, um zum Grundwasser zu gelangen. Gebaut wurde er aus Natursteinen ohne Mörtel. Die geometrisch klare Anlage, die durch Stützen und Ornamente strukturiert und dekoriert

wurde, ist faszinierend. Eine lange breite Treppe führt nach unten. In der Tiefe wird es kühler. Ein Ort grosser Ruhe und intensiver Atmosphäre. Er inspiriert Nicolas zu einer langen Fotoserie. Zurück im Stadtzentrum suchen wir das Büro der Western Union, wo eine Überweisung von Alice auf uns warten soll. Immer kleiner werden die Strassen. Der Fahrer scheint sich auch nicht mehr auszukennen. Er fragt mehrfach nach. Dann bleiben wir vor einem offenen Geschäft stehen. Hier kann man Telefongespräche führen, oder auch, wie ein kleines Schild an der Decke verrät, Western-Union-Überweisungen empfangen. Der Ladeninhaber sitzt hinter einem Tischchen. Darauf stehen verschiedene Apparate. Die Kunden kommen mit Zetteln. Darauf stehen die Telefonnummern, mit denen sie verbunden werden wollen. Das wichtigste Werkzeug dieses Geschäfts ist eine schwarze Aktenmappe. Darin sind scheinbar alle Dokumente untergebracht. Immer wieder wird sie im Laufe unserer Transaktion hervorgeholt. Das Ganze läuft aber hoch effizient ab. Nicht ganz klar ist für uns, wer zum Laden gehört und wer Kunde ist. Immer wieder betreten neue Akteure die Bühne, verrichten eine Handlung und treten ab. Im Nebenraum sitzen drei Frauen. Traditionell im Sari gekleidet halten sie einen Schwatz. Apropos Sari: Man sieht die Frauen praktisch ausschliesslich in diesem indischen Traditionsgewand. Es ist meist schreiend bunt und sieht ausgesprochen schön aus. Diese bunten Farbkleckse geben dem Strassenbild etwas so sehr typisch Indisches wie das Curry der Küche. Nach gut einer Stunde sind wir im Besitz von vielen Scheinen. Mit dicken Geldbündeln bepackt, die wir am Ende für jedermann sichtbar einfach über die offene Theke gereicht bekommen, ziehen wir von dannen.

AHMADPUR EAST
KHÂNPUR
RAHÎM YÂR KHÂN
ÂDIQÂBÂD
HISAR
MIRAT CANTONMENT
BHALSWA JAHANGIRPUR
NI DILLI
GURGAON FARÎDÂBAD
CHÜRU
BÎKÂNER
SÎKAR
MÎRA MORÂDÂBÂ
MORÂDÂBÂ
ÂMPUR
BAREL
BUDAUN
KHURJA
ALÎGARH
HÂTHRAS
FARRUKHÂ
ÂGRA
ALWAR MATHURA
BHARATPUR
JAIPUR
ETÂW
BHIND
MORENA
GWALIOR
ORA
KISHANGARH
AJMER
BEÂWAR
TONK
JODHPUR
PÂLI
BHÎLWÂRA
KOTA
SHIVAPURI JHÂNSI
LALITPUR
UDAIPUR
NIMACH
GUNA
PÂLANPUR
MANDSAUR
PÂTAN
MÂHESANA
NAGDA
VIDISHA
SÂGAR DAMOI
KÂLOL GANDHÎNAGAR
RATLÂM
ÂNDHÎDHAM
MORVI
SURENDRANAGAR RADIÂD
GODHRA
VEJALPUR
UJJAIN
DEWÂS
INDORE
BHOPÂL

NEW DELHI

AHMADABAD

Die indischen Mechaniker nehmen den Elektrostarter der HB-DGL in Augenschein.

AHMEDABAD – DELHI, INDIEN

Mittwoch, 5. Oktober Wir starten in den Morgen, Ziel der Reise ist Neu-Delhi. Die Landschaft liegt wie nach einem erfrischenden Schlaf unter uns. Sie ist ausserordentlich grün. Wie hingewürfelt liegen kleine Erhebungen in der Fläche. Manche wirken wie der Faltenwurf eines Tuches. Dazwischen sind kleine Seen eingestreut, Flussläufe winden sich durch das Grün. In kurzen Abständen folgen kleine Dörfer. Häuser sind nur selten ausserhalb der Ortschaften zu finden. Dort sind sie dicht nebeneinander gebaut, haben meist flache Dächer und sind weiss, ocker oder hellblau verputzt. Es gibt nur selten grössere Gebäude, die auf gemeinschaftliche Nutzungen schliessen lassen. Wir überfliegen Udaipur. Idyllisch an einer Seenplatte gelegen, ist die Stadt ans Ufer gebaut. Dann erscheint Jaipur, die rosarote Stadt, aus dem Dunst. Beeindruckende Stadtfestungen, Paläste und Tempel. Wir überfliegen al Mahal, ein Wasserschloss aus der Mogulzeit. Die quadratische Anlage hat in jeder Ecke einen Turm mit einer Kuppel. Aus dem Hof in der Mitte wuchert wildes Grün. Der Palast schwimmt wie ein Schiff mitten auf dem See. Durch seine quadratische Form scheint sich der Palast für keine Richtung entscheiden zu können und ruht bewegungslos im Wasser. Wir fliegen weiter in Richtung Delhi. Wir landen und werden auf ein Cargoterminal eingewiesen. Wir stellen den Motor ab und staunen über den Jumbo-Parkplatz. Bald wird der Irrtum erkannt, wir müssen das Flugzeug an eine andere Parkposition rollen. Beim Anlassen dann das Unglück: Der Starter dreht nicht mehr. Wir nehmen die Motorverkleidung ab und prüfen den Startermotor: Kurzschluss in der Maschine! Plötzlich passt alles zusammen. Die Startschwierigkeiten in der Schweiz und der Magnetkompass, der kurz darauf den Nordpol nicht mehr kannte. Diese Probleme haben wir von zwei Flugzeug-Service-Stationen untersuchen lassen. Beide konnten den Fehler nicht wiederholen und

Strassenszenen in Delhi.

haben sich auf unsere Beschreibung keinen Reim machen können und deshalb nichts unternommen. Dass das endgültige Ende des Startermotors in Delhi erfolgt und ausgerechnet zu Beginn eines geplanten fünftägigen Aufenthalts erwies sich als Glücksfall. Man teilte uns mit, der Parkplatz sei innert drei Stunden zu räumen, da nachkommende Cargoflieger den Parkplatz benötigen. Sollten wir die Maschine in der Hitze von Hand kilometerweit verschieben? Sahi, die mittlerweile in Neu-Delhi eingetroffen war, meint, dass es in Neu-Delhi keine Reparaturwerkstatt für derart kleine Flugzeuge gäbe und wohl ein Mechaniker aus Bangalore eingeflogen werden müsse. Wir sehen in der Ferne Sportflugzeuge. Dort finden wir auch die dazugehörigen Mechaniker. Wir schöpfen Hoffnung. In dem Hangar lernen wir R. N. Nandy kennen. Ein Mechaniker alter Schule, der sich die Maschine mal anschauen will. Wir fahren also mit Nandy, seinen beiden Mechanikern und der Agentin zurück zum Flugzeug. Die Motorverkleidung wieder runter. Stromkreislauf mit und ohne Starter ausmessen, und unsere Annahme wird bestätigt: Kurzschluss. Wie nun aber die starterlose Maschine auf die andere Seite transportieren? Wie früher von Hand anwerfen! Also «Contact!» und den Propeller durchziehen. Schon springt der Motor an, noch etwas Gas nachschieben, und die Maschine schnurrt wie ein Uhrwerk. So rollt Nicolas mit einem Mechaniker zur «New Park Area» und stellte die Maschine ab. Ein Telefonat mit Andreas von Rotz in Bad Ragaz ergibt, dass er einen Startermotor in der Schweiz besorgen kann.

Unser erster Eindruck von Delhi ist völlig verschieden von jenem in Ahmedabad. Grosse, breite, baumgesäumte Strassen. Weniger Verkehr, kaum Vieh auf den Strassen, ein viel europäischeres Bild entsteht. Dies sollte sich aber ändern.

Die Earthrounders sind ein Zusammenschluss von Piloten, die in Kleinflugzeugen um die Welt geflogen sind.

Die Earthrounders-Gemeinschaft wurde gegründet, um Piloten in ihrem abenteuerlichen Geist zu vereinigen. Dieser Geist hat sie über Ozeane, Berge und Wüsten getragen, während sie die Erde umflogen, um Landungs- und Überflugsgenehmigungen kämpften und wertvolle Erfahrungen sammelten. Warum sind diese Piloten so einzigartig? Weil in den 100 Jahren seit Anbeginn der Luftfahrt erst wenige die Herausforderung dieser Reise annahmen.

Die erste Erdumrundung in einem Flugzeug wurde 1924 von den «World Cruisers» der United States Army Air Services gewagt. Jedoch nur zwei der vier gestarteten Maschinen haben den gesamten Flug geschafft. Die Flugzeuge der Umrundungsversuche Anfang der Dreissigerjahre wurden über die Ozeane verschifft, da die Reichweite für transozeanische Flüge nicht ausreichte. Erst Wiley Post mit seiner Lockheed Vega, Winnie May, schaffte die volle Erdumrundung. Nach dem Zweiten Weltkrieg nahm die Anzahl der Erdumrundungen in Kleinmaschinen stetig zu. Heute sind es 4 bis 5 Flüge pro Jahr.

260 Flüge sind bis heute bekannt, 80 davon solo, 23 von weiblichen Piloten, 136 in einmotorigen Flugzeugen, 84 in zweimotorigen Flugzeugen, 17 selbst gebauten Flugzeugen, 10 Helikoptern, wenigen Ultraleichten und Ballons. Das erste Luftschiff war die Graf Zeppelin 1929.

Der einzige Weg, ein Earthrounder zu werden, führt in einem Kleinflugzeug um die Welt.

Ein Kleinflugzeug wird über die Flugzeugklasse Light Wake Turbulence mit einem maximalen Abfluggewicht von 7000 Kilogramm definiert.

Die Earthroundersregeln sind einfach:
– Abflug- und Endpunkt müssen identisch sein.
– Alle Längengrade müssen überflogen werden, ausser bei Polflügen.
– Den Pol in einem Kreis zu umfliegen ist nicht zugelassen, eine Minimallänge des Fluges gibt es jedoch nicht.
– Mindestens ein Pilot muss die gesamte Strecke absolvieren.

Wie es begann:
Bei Claude Meuniers Recherche zu seinem Buch über Solopiloten, die wie er in einer Aerostar 1996 die Welt umrundet haben, hat er Hans Gutmann in Österreich besucht. Sie beschlossen ein Treffen von Piloten zu organisieren, welche die Welt umrundet haben und nannten sie Earthrounders. Hans Gutmann schlug vor, das Treffen in Oshkosh im Jahre 2000 stattfinden zu lassen. Tom Pobersny, Präsident der EAA, war begeistert. 16 Erdumrundungsflugzeuge und über 50 Piloten kamen zu dem Treffen am 29. Juli 2000.

Seither haben Earthrounders-Treffen in Wien, Perth und Mexiko stattgefunden. Das Treffen im Jahr 2008 wird in Südafrika in Gedenken an den 2007 vor Brasilien verunglückten Frank Hettlich stattfinden. Auf der Webseite der Earthrounders, die von Claude gestaltet und gepflegt wird, sind die gesammelten Daten von Jorge Carnish, Jesus Barbes, Bob Reiss, Frank Haile, Horst Ellenberger, Margie Moss und vielen anderen zusammengetragen und öffentlich zugänglich.

Der Flug um die Erde ist die ultimative Destination!

Claude Meunier und Margi Moss

11.10.2005 / 06:44 GMT / 27°57'N / 86°53'E / MT. EVEREST, NEPAL

DELHI

Mittwoch, 6. Oktober Wir haben heute viel zu tun: Vorträge vorbereiten, Bilder sortieren, Texte schreiben, Filme schneiden, E-Mails beantworten. Mittagessen gehen wir mit Prof. Bahn und Herrn Kapoor, dem Landesmanager von Synthes in Indien. Danach fährt Stephan zu einem Vortrags- und Diskussionsmarathon ins Le Meridien. Nicolas sortiert und schreibt. Nach dem Abendessen werden die Filme ausgewertet und bis 02:00 früh geschnitten.

Donnerstag, 7. Oktober Heute hat Stephan seinen 73. Geburtstag. Die Homepage zeigt einen Kuchen von Richard Vogel gestaltet. Glückwünsche treffen aus aller Welt ein. Am Morgen fahren wir zum Lotustempel, ein moderner Hindutempel, der wie eine Lotusblume aussieht. Schon Kilometer vor dem Lotustempel ist die Strasse gesäumt mit fliegenden Händlern, Strassenküchen und Tausenden von Menschen. Es ist wie ein Volksfest. Im Tempelareal sind noch mehr Menschen. In einer bunten friedlichen Prozession gehen die Menschen zum Lotustempel, ziehen davor die Schuhe aus und begeben sich in sein Inneres. Es herrscht trotz der vielen Menschen eine friedliche Stille, der Gegensatz zur Strasse könnte nicht grösser sein.

Am späten Nachmittag macht Nicolas eine Tour durch Delhi. Zuerst ein Mausoleum, dann weiter nach Old Delhi zum Red Fort und zur Moschee. Er steigt kurz vor Old Delhi auf eine Riksha um. Die Strassen sind brechend voll. Kreuzungen zu überqueren dauert manchmal zehn Minuten. Eine einzige Strasse führt zur Moschee im moslemischen Viertel. Sie ist voller Menschen, Ziegen und Hunde, Hundertscharen bettelnder Kinder, Strassenhändler, Pilger und vereinzelten Touristen. Die Stimmung ist quirlig und friedlich. Die Moschee ist grandios. Leicht über dem Rest der Stadt liegend, strahlt sie die gespeicherte Hitze des Tages ab. Es ist kurz vor der Gebetszeit. Die Menschen versammeln sich und waschen sich im Hof. Beim Rückweg zur Riksha erkennt Nicolas erst seinen Fahrer nicht. Er aber erkennt ihn, und die Fahrt geht weiter Richtung rotes Fort. Der Verkehr kommt völlig zum Erliegen. Nicolas verabredet mit dem Fahrer einen Treffpunkt und geht zu Fuss. Der Grund für den Stau ist ein Umzug durch die Strassen. Lichter, Kutschen, Wagen, Musikkapellen und noch mehr Menschen in fröhlicher Ausgelassenheit. Den Grund für den Umzug kann er nicht erfahren. Seinen Fahrer trifft er am vereinbarten Ort. Der Fahrer kommt aus Delhi und ist Moslem, er spricht praktisch kein Englisch. Wir unterhalten uns mit den Händen und Füssen. Er «erklärt» die unterschiedlichen Quartiere, die wir passieren, und die verschiedenen Religionen, die hier vertreten sind: Moslems, Hindus und andere. Wir kommen durch verwinkelte Strassen zurück zu unserem Ausgangspunkt. Hier wartet der Taxifahrer. Nicolas soll unbedingt einen Laden besuchen. Nicolas schlägt das aus. Auf dem Weg zurück ins Hotel erklärt der Taxifahrer, dass er 100 Rupien erhalten hätte, wenn Nicolas in den Laden gegangen wäre. Den gleichen Betrag als Trinkgeld schlägt der Fahrer aus.

Montag, 8. Oktober Da der neue Anlassermotor ein Tag im Zoll festhängt, zieht sich unser Aufenthalt in Delhi in die Länge. Wir müssen Kathmandu um einen Tag kürzen. Am Morgen fahren wir zum Flughafen und sind 10:30 beim Flugzeug. Heute ist in Indien Airforceday, eine grosse Flugshow, und wir sind mittendrin. Die Mechaniker beginnen mit dem Einbau des Elektrostarters. Es geht alles recht schnell vor sich. Vier Mechaniker nehmen sich der Sache an. Der Testlauf am Ende ist erfolgreich, und die Truppe zieht von dannen. Die Sonne heizt den Asphalt stark auf. Wir müssen eine Stunde warten, um zu tanken. Zusammen mit Monica, der Ground-Handling-Agentin, dösen wir unter dem Flügel. Nach dem Tanken müssen wir noch auf die Versiegelung des Flugzeugs warten. Es ist 14:00, als wir den Flugplatz verlassen.

Vor dem Taj
Mahal.

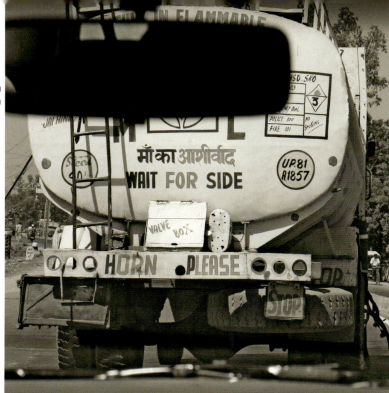

Klare Aufforderungen
auf einem Lastwagen
im oft chaotischen
Verkehr in Indien
helfen den anderen
Verkehrsteilnehmern.

AGRA

Sonntag, 9. Oktober Um 04:00 morgens holt uns Bali, ein Fahrer des Hotels, ab. Wir fahren bei völliger Dunkelheit Richtung Agra. Die Strassen sind bereits voller Leute. Überall sind Strassenküchen aufgebaut, und die Menschen sind auf dem Weg zur Arbeit. Die Stadt ist endlos. Immer weiter geht die Reise durch eine schier endlose Aneinanderreihung von Industrie- und Wohngebieten. Schliesslich werden die Abstände zwischen den Gebäuden grösser, dann endet die Stadt. Grosse Lastwagenkonvois fahren uns schon in diesen frühen Stunden entgegen. Die Überlandstrasse als grosse Asphaltfläche angelegt, auf der sich der Verkehr je nach Bedarf verteilt. Immer wieder werden wir Zeugen von riskanten Überholmanövern.

Autofahrten in Indien sind besondere Erlebnisse. Der Fahrer Bali sagt, um in Indien Auto zu fahren, benötigt man vier Dinge: Glück, gute Bremsen, eine gute Hupe und viel Mut. Grundsätzlich wird viel gehupt. Die einzige Autofahrt, die wir in Indien ohne Hupe erlebt haben, war die auf dem Vorplatz vom Flugzeug zum Gate. Ich habe jedoch beobachtet, wie ein anderer Fahrer einen Jumbo angehupt hat, der ihm nicht schnell genug den Weg frei machte.

Im Osten beginnt die Morgendämmerung. Endlich erreichen wir Agra, es ist 08:00. Hier steigt ein Fremdenführer zu. Er erzählt die Geschichte des Maharadscha, der seine geliebte Frau im Kindbett seines 14. Kindes verliert. Der Maharadscha ist so traurig, dass er beschliesst, das aufwendigste Grabmal aller Zeiten zu errichten, und baut in 12 Jahren das Taj. Mitten während der Bauzeit wird er von seinem sparsamen Sohn entmachtet und unter Hausarrest gesteckt. Er erlebt die Fertigstellung des Taj nur noch aus der Ferne, und die Errichtung seines eigenen Mauso-

leums, das schwarze Taj, wird nach dem Bau der Fundamente gestoppt. Wir kommen kurz nach Sonnenaufgang im Taj an. Es sind bereits einige Besucher da. Die Wasserflächen spiegeln das Taj von allen Seiten. Die Symmetrie und die schiere Grösse verzaubern. Das Taj erzählt von der Schönheit der Liebe und dem Schmerz der Trennung.

Die Strassen auf dem Weg zurück sind voll. Unser Fahrer Bali, ein Sikh, arbeitet sich mit der Hupe in Richtung Neu-Delhi vor. Er ist manchmal sehr wagemutig. Wir erreichen Neu-Delhi gegen 15:00. An diesem Tag hören wir vom Erdbeben in Pakistan. Wir lesen in einer Schlagzeile im «Spiegel»: «Erdbeben in Pakistan, in Delhi herrscht das Chaos». Wir haben nichts vom Erdbeben gespürt und niemand, den wir befragt haben, hat etwas davon gewusst, geschweige denn ein Chaos erlebt.

Begrüssungskomitee in Kathmandu.

DELHI – KATHMANDU, NEPAL

Montag, 10. Oktober Wir beginnen einen dreistündigen Spiessrutenlauf, bevor wir bei unserem Flugzeug sind. Sicherheits-, Einwanderungs-, Zollbehörde, dann zur Fluganmeldung. Flugplan abgeben, Flugplan ändern, Flugplan überarbeiten, Flugplan akzeptieren, Stempel von der Flugplatzbehörde, Stempel von der Luftaufsicht, wieder zurück zur Flugplatzbehörde und Schlussstempel abholen, dann fahren wir endlich zum Flugzeug. Bange Minuten vor dem Anlassen des Motors, aber es funktioniert alles. Wir liegen durch die Behördengänge eine Stunde hinter unserem Zeitplan zurück. Der Tagesgang, die meteorologische Beschreibung der Nachmittagsgewitter, hat bereits eingesetzt. Richtung Nepal türmen sich Gewitterwolken. Gewitter sind für die Fliegerei gefährlich. Zu fürchten ist nicht nur der Blitzeinschlag, schlimmer sind heftige, zuweilen extreme Auf- und Abwinde. Sie können die Struktur des Flugzeugs zerreisen. Auch massive Regenfälle und Hagelschauer sind lebensbedrohlich. Deshalb sind Gewitterwolken immer zu umfliegen. Die Wettervorhersage gibt für Kathmandu gute Sicht und wenige Wolken an. Wir beginnen den Anflug. Kathmandu liegt in einem Talkessel. Von allen Seiten ist es von Bergen umgeben. Wir fliegen aus dem Süden über eine Bergkette an, die Grund für eine Wolkenbarriere ist. Vor uns liegen Wolken. Dahinter müsste der Flugplatz liegen. Die Behörden verlangen von allen Piloten, die nach Kathmandu fliegen, den Nachweis, einen Instrumentenlandeanflug im Simulator erfolgreich geflogen zu haben. Wir haben dies mit unserer Fluglehrerin Ursula Bühler-Hedinger geübt. Das Schwierige an diesem Anflug ist der steile Abstieg. Es gibt keine geneigte Funkleitlinie, der wir folgen können. Die Höhe richtet sich nach der Distanz zur Piste. Wir durchstossen die Wolken, und das Kathmandu-Tal liegt vor uns. Es ist wie im Märchen, der Himmel öffnet sich, und man schaut in ein Paradies von Dörfern, Reisfeldern, Terrassen, und einer Stadt. Wo ist die Piste? Direkt vor uns, jedoch schon sehr nah. Wir müssen schnell tiefer. Luftbremsen und Fahrwerk helfen uns Höhe zu verlieren. Im Endanflug noch die Landeklappen fahren, und schon

Affen auf dem Swa-
yambhu-Nat-Tempel.

Enten und Hühner zum Verkauf
in Kathmandu.

ist die Piste da. Nach der Landung rollen wir zu einem Parkplatz direkt neben der Militärkaserne. Für die Bewachung ist gesorgt. Uns erwartet eine Delegation von 8 Leuten, bestehend aus Zoll, Einwanderungsbehörde, Flughafensicherheit und technischem Personal. Die Formalitäten zehren 3 Stunden auf. Eine der Eigenarten von Nepal ist die Zeitverschiebung zu Indien, die nur eine viertel Stunde beträgt. Wir erleben die Stadt Kathmandu nur noch in der Nacht. Ein Bekannter von Stephan, Prof. Shah, befindet sich ausserhalb der Stadt. Er schickt uns seine Frau für eine Stadtführung. Der Fahrer ist ein Berserker, der seinen Wagen mit Hilfe der Hupe durch die Massen an Verkehr und Menschen pflügt. Wir fahren zum Swayambhu-Nat-Tempel. 360 Stufen führen zu dem Gebäudekomplex auf dem Bergrücken. Der kleine drahtige Fahrer, wohl ein Nachkomme eines Sherpas, sprüht vor Energie. Er rennt zwanzig Stufen hoch, wartet, bis man auf fünf herangekommen ist, dann rennt er wieder los. Oben ist Gebetszeit. Die Mönche umrunden die Pagode im Uhrzeigersinn. Immer wieder wird an den Gebetsmühlen gedreht. Die Novizen machen sich einen Spass daraus, der Kamera zu entfliehen. Der Fahrer erläutert die verschiedenen Bereiche des Klosters. Die Gebetsräume, die Meditationsbereiche, Gemeinschaftsbereiche zum Essen und die Schlafgebäude. Die Aussicht ist überwältigend. Unter uns liegt das beleuchtete Kathmandu. Im Vordergrund flattern Tücher. Im Hintergrund heben sich die Berge dunkel vor dem blauschwarzen Himmel ab. Auf der Pagode und den umgebenden Gebäuden sitzen Affen. Danach fahren wir nach Thamel zu einem Hotel, in dem heute eine nepalesische Theatervorstellung gezeigt wird. Es ist ein Tanztheater. Maskierte Schauspieler aller Alter zeigen ein Stück über Gott und Liebe. Die Kostüme sind aus farbenprächtigem Tuch kombiniert mit Fell. Kleine Schellen an den Knien quittieren sämtliche Bewegungen mit hellem Gebimmel. Die Musik ist disharmonisch, ein Geräuschteppich aus Schlag-, Zupf- und Blasinstrumenten. Hier treffen wir auf eine Gruppe von Fliegern, die nach China unterwegs ist.

KATHMANDU–KOLKATA, INDIEN

Dienstag, 11. Oktober Am frühen Morgen der Blick aus dem Fenster: dichter Nebel hüllt alles ein. Wir müssen unseren Abflug um eine Stunde verschieben. 07:30 geht es durch das geschäftige Kathmandu zum Flughafen. Heute ist der Höhepunkt des Dashia-Festes. Ein schwarzer Tag für die Tiere. Sie werden in Heerscharen geopfert. Wir brauchen zwei Stunden für die Behördengänge. Diese werden in Nepal mit einer penetranten Exaktheit vollzogen. Der Gipfel ist erreicht, als man uns mitteilt, dass nun die bezahlte Parkzeit verstrichen sei. Also noch mal 15 Minuten quer durch alle Flughafengebäude zur Kasse und zwei US-Dollar abliefern, aber passend. Wie? Kein passendes Kleingeld, dann bitte zurück und bei der Bank kleine Scheine wechseln. Der Geduldsfaden ist kurz vor dem

Reissen. Aber nein, freundliche Miene, und mit dem Hinweis, der Rest sei für die Kaffeekasse, verabschieden wir uns. Der Weg zum Start scheint frei, der Nebel hat sich mittlerweile auch gelichtet. Endlich sind wir im Flugzeug und starten den Motor, 09:15 rufen wir den Bodenlotsen zum ersten Mal auf und verlangen die Startfreigabe. Der Kanal ist komplett verstopft. Jeder der bereitstehenden Himalajaflieger will so schnell wie möglich in die Luft. Kaum ist der Nebel weg, wollen sie alle raus, mindestens 30 Maschinen. Dazwischen immer wieder eine Verkehrsmaschine. Wir bekommen eine voraussichtliche Startzeit von 09:47 zugewiesen. Wir starten Richtung Süden, dann in einem weiten Bogen quer über die Stadt zurück über den Flugplatz und weiter in Richtung Mount Everest. Die Route ist exakt festgelegt. Nach und nach tauchen immer höhere Berge auf. Dahinter noch einmal ein Kamm, der noch höher ist, und dann liegt der höchste Berg der Welt direkt neben uns. Ein unglaubliches Gefühl. Bald darauf ist es Zeit, Richtung Süden abzudrehen, da wir in Kathmandu nicht auftanken konnten, müssen wir uns exakt an die Spritplanung halten. Unter uns die terrassierten Äcker und kleinen Dörfer, dazwischen tief eingeschnittene Täler und Schluchten. Die Berge haben grosse Ähnlichkeit mit den Alpen, sind aber deutlich höher und gewaltiger. Die umgebende Landschaft und die Besiedlungsformen sind völlig anders. Grüne Hügelketten säumen die weissen Berge im Hintergrund. Danach folgen unermessliche Wälder, die weit in die Tiefe der Indischen Ebene führen. Die Flüsse sind in ihrem freien Lauf stark eingeschränkt und schneiden manchmal tief in die Landschaft ein. Der Fluss Ganges bündelt das Wasser aus dem Himalaja zu einem gewaltigen Strom. Wir folgen ihm in Richtung Kalkutta. Der Fluss verzweigt sich. Immer mehr tote Flussarme lassen aus der Ebene eine Wasserlandschaft werden. Die Siedlungsdichte nimmt zu. Zwischen Palmen stehen reich geschmückte viktorianische Häuser. Es sieht paradiesisch aus, aber auch heiss und feucht. Die Hitze und die Feuchtigkeit lassen hier gewaltige Gewitterwolken entstehen. Nach dem aktuellen Wetterbericht aus Kalkutta liegen massive Gewitter nördlich und nordöstlich der Piste. Also genau zwischen uns und dem Flugplatz.

Strassenszene
in Kolkata.

Der Blick auf das Stormscope zeigt die Lage der aktiven Gewitterzellen sehr deutlich. Das Stormscope ist ein Gerät, das Blitze misst und die Richtung und Distanz bestimmt. Die Anzeige erfolgt über einen Bildschirm, der eine Karte der Gewitteraktivität um das Flugzeug erstellt. Dadurch kann der Pilot Gewitter orten und umfliegen. Wir finden einen Kurs zum Flugplatz, der uns zwischen den Gewitterwolken durchführt und uns von Osten an das Flugfeld heranführt. Wir entscheiden uns früh abzusteigen, um die Übersicht unter den Wolken zu behalten. Der Controller ist sehr kooperativ. Der Tanz um die Wolken beginnt. Links und rechts an den Gewittern vorbei. Immer genügend Abstand zu den aktiven Zellen. Nach einer halben Stunde enden die Wolken, und der verregnete Flugplatz liegt vor uns.

Kalkutta oder Kolkata, wie es heute heisst, liegt im Gangesdelta. Der Endanflug führt uns über pittoreske Dörfer und Stadtquartiere mit Villen in palmengesäumten Parks. Endlich gelandet, können wir erstaunlich schnell die Einwanderung und sonstigen Formalitäten erledigen. Wir machen jedoch den Fehler, nicht sofort nach der Landung zu tanken. Das wird uns am nächsten Morgen eine Stunde kosten. Die Fahrt zum Hotel Taj Bengal dauert 30 Minuten. Es erinnert in seiner Form stark an die Hotelbauten der 80er-Jahre in den USA. Damals hatte der Architekt Portman im Marriot in San Francisco begonnen, die Hotelflure in riesige Innenhöfe zu verwandeln. So konnte er auf lange Hotelflure verzichten. Auch beim Taj Bengal verbindet ein mehrgeschossiger Innenhof alle Flure zu den Zimmern zu einem riesigen Atrium. Die Hotelzimmer sind nach heutigen Standards eher etwas klein, der Service ist aber exzellent. Unsere Erfahrung mit dem für uns so wichtigen Internetzugang in den Hotels gestaltete sich bisher ausgesprochen schwierig. Manchmal erinnerte uns der Umgang an die Zeit, als man im Hotel am Fernseher einen Münzeinwurfschlitz hatte. Es begann schon im Mövenpick-Hotel am Zürcher Flughafen. Einwurf 9 CHF für eine halbe Stunde Wireless-LAN-Zugang mit der Geschwin-

digkeit eines 56-k-Modems. «Aber kein Problem, wir haben hier in der Lobby in unserem Businesscenter auch einen Gratiszugang.» Ein Gratiszugang für 300 Betten! Das Netz im Mövenpick-Hotel wurde in Sachen Zuverlässigkeit und Schnelligkeit von fast keinem der danach besuchten Hotels unterboten. Aber in jedem Hotel begann der Spass von Neuem. Im Iran gab es nur Modemverbindungen. Unmöglich, Fotos zu verschicken. In Ahmedabad, Indien, hatten wir ein Hotel mit Wireless LAN Access, aber ein Zimmer, in dem nur die ersten 30 cm hinter der Zimmertür Empfang hatten. Wir setzten uns in die Lobby, um die Daten zu übertragen. Keine Probleme hatten wir in Kathmandu, weil wir keine Zeit hatten, es zu versuchen. Am besten funktionierte der Zugang in Chiang Mai: schnelles Netz, kein Login, kein Passwort, keine Kosten.

Nachdem wir also unser Zimmer in Kolkata bezogen haben, bestellen wir uns einen Wagen, inklusive Fahrer mit Mütze und weisser Uniform. Wir fahren unsere üblichen Besorgungen machen: das obligatorische Imodium sowie der Besuch eines Bankautomaten stehen auf dem Programm. Das Währungsthema in Indien ist spannend. Die Rupie wird zu festen Kursen zum Dollar verkauft. Es ist nicht gestattet, die Währung ein- oder auszuführen. Zurückwechseln kann man pro Person nur 10000 Rupien, also 250 Dollar. Beim Bankautomaten erhält man nur Rupien. Als wir dann von unserem Fahrer zur Wechselstube Thomas Cook geführt werden, teilt man uns mit, dass Ausländer keine Rupien in Dollar wechseln können, nur umgekehrt. Wenn wir aber mit einem Wechselkurs von 45 statt 43 einverstanden seien und 10er- und 20er-Noten akzeptieren, dann wäre noch etwas möglich. Also bekommen wir einen Haufen kleiner Dollarscheine. Die Umtauschregeln scheinen hier die Wechselstubenbesitzer zu machen.

Das Begrüssungskomitee in Bagan wurde durch die Zollbeamte in der Mitte des Bildes klar organisiert.

KOLKATA – BAGAN, MYANMAR

Mittwoch, 12. Oktober Am Morgen kümmert sich Stephan um den Flugplan und Nicolas um das Auftanken des Flugzeugs. Das Tanken bedarf sieben Männer und dauert eine geschlagene Stunde. Nachdem endlich alles in Kolkata erledigt ist, fehlt nur noch die Bewilligung unseres nächsten Ziels Bangladesch. Drei lange Stunden warteten wir, bis die indische Administration herausfand, dass die Bewilligung bereits in ihren eigenen Schubladen liegt. Wahrscheinlich haben wir die Frage des Trinkgelds falsch verstanden? Endlich in der Luft, führt uns der Flug über das Gangesdelta nach Bangladesch. Wir sehen viel Wasser, Felder und weit verstreute kleine Dörfer. In die Wasserflächen sind Flussläufe der Arme des Ganges eingeschnitten. Ein erstaunliches Bild. Der erste Funkkontakt mit Yangong Control, den Luftlotsen in Myanmar, ist erst nach langem Versuchen und der Hilfe eines Lufthansa Linienflugzeugs möglich. Zwischen Indien und Myanmar liegt eine Bergkette, an der sich das Wetter staut. Wir müssen bis auf 4500 Meter steigen. Über weite Strecken sehen wir keinerlei Zeichen einer Zivilisation. Erst nach und nach tauchen hier und da einzelne Häuser auf. In einer Flussbiegung erscheinen kleine rote und weisse Punkte. Als wir näher kommen, erkennen wir Tempel. Etwa zweitausend kleine und grosse Tempel liegen auf einem vom Fluss umspülten grünen Flecken Erde. Es ist atemberaubend. Wir überfliegen den Platz und drehen in den Gegenanflug ein. Wir überfliegen immer mehr Pagoden. Nach der Landung versiegelt eine Zollbeamtin unser Flugzeug. Sie trägt eine attraktive weiss-blaue Uniform.

Sonnenaufgang über den Tempeln.

Stephan mit Kyaw, unserem Führer in Bagan.

BAGAN

Donnerstag, 13. Oktober In Bagan gab es einmal 11 000 grössere und kleinere Tempel. Heute sind nach schweren Erdbeben noch 4000 übrig geblieben. Wir besteigen noch vor Morgengrauen die Spitze einer Pagode und sehen weit über ein Meer von Pagoden und kleinere Stupas. Alle Grössen sind vertreten, von zwei bis vierzig Meter hoch. Das Licht ist noch ganz fahl. Nebelschwaden liegen zwischen den Tempeln. Die goldenen Spitzen werden von einem goldenen Glanz erfasst. Langsam rötet sich der Himmel, und die Sonnenscheibe beginnt sich einige Fingerbreit über dem Horizont zu erheben. Dann erfasst uns ein sphärisches Licht. Um 08:00 treffen wir uns mit Kyaw Myint, unserem Führer und seinem Fahrer. Mit einem Gefährt, das die beiden Auto nennen, fahren wir uns Tempel ansehen. An einem abgelegenen Tempel treffen wir eine Frau, die sich um den Tempel kümmert. Sie erzählt uns, dass viele Tempel in einer Art Privatbesitz sind. Familien, die um die Tempel herum leben, sorgen für Ausbesserungen, reinigen sie von verstörendem Wildbewuchs. Meistens stellen die Familien ein Familienmitglied ab, um dieser Aufgabe nachzukommen. Ein besonders schöner Tempel ist der Shwe-zi-gon-Paya-Tempel. Es ist eine ganze Tempelstätte mit mehreren Tempeln und einer vergoldeten Stupa in der Mitte. In den Rundgängen um die Anlage hat sich eine Art Basar gebildet.

In Myanmar sind wir von den modernen Kommunikationsmitteln praktisch abgeschnitten. Das Mobiltelefon funktioniert nicht. Die normale Leitung ist ausgesprochen teuer. Einen Internetanschluss gibt es nur für den Hotelcomputer. 20 US-Dollar pro 15 Minuten Modemverbindung. Das macht es schwierig, die Wettersituation für den nächsten Flug abzuklären.

Freitag, 14. Oktober Heute sehen wir uns die Tempel im südlichen Bagan an. Es fällt uns schwer, sich vorzustellen, wozu all diese Tempel gebaut wurden. Wohnhäuser wurden damals aus Holz gebaut und sind inzwischen verschwunden. So stehen die Tempel abgehoben im Agrarland. Nicolas erinnert die Mischung aus Farben und Formen an ein riesiges Schachbrett. Am Nachmittag entlädt sich ein infernales Gewitter. Lange ist der Himmel schwarz verhangen von dichten Gewitterwolken. Die Sorge, ob der Flug am nächsten Tag möglich ist, überkommt uns.

Fahrradrikscha in Bagan.

MONYWA MAYMYO
MANDALAY

MYINGYAN
PAKOKKU

BAGAN MEIKTILA

TAUNGGYI

CHIANG MAI

PYAY

LAMPAN

Mönch in
Chiang Mai.

BAGAN – CHIANG MAI, THAILAND

Samstag, 15. Oktober Der Morgen beginnt wolkenverhangen. Auf dem Flugplatz entrichten wir unsere Landegebühren. Wir verlassen Myanmar mit gemischten Gefühlen. Die Erinnerung an die Tempel ist überwältigend. Der geplante Flugweg führt über Mandalay. Den erhofften Blick auf die Stadt erlauben uns dichte Wolken nicht. Wir drehen nach Süden ab. Um nach Chiang Mai zu gelangen, müssen wir eine Bergkette überwinden, die von dichtem Dschungel überzogen ist. Unsere Ankunft in Chiang Mai ist unspektakulär. Sofort nach der Landung wird die westliche Art dieses Landes spürbar. Die Formalitäten sind rasch erledigt, und schon sind wir im nahen Hotel. Den Nachmittag verbringen wir wieder einmal mit einer Stadtbesichtigung.

Am Abend treffen wir auf Prof. Theerachai und seinen Assistenten. Theerachai ist aktives Mitglied der MIS (Minimal Invasive Surgery) Gruppe der Technischen Kommission der AO. Bis tief in die Nacht wurden die Möglichkeiten der Frakturbehandlung bei Osteoporose besprochen.

CHIANG MAI

LAMPANG

VIANGCHAN

HENZADA

BAGO

YANGON
THATON

MAWLAMYINE

UDON THANI

SAVANNAKHET

KHON KAEN

UBON RATCHATHAN

NAKHON RATCHASIMA

DAWEI

PAK KRET   KHLONG LUANG

NAKHON PATHOM

BANGKOK

PHRA PRADAENG   SAMUT PRAKAN

SIEMREAP

BATDÂMBÂNG

SI RACHA

RAYONG

MERGUI

CHIANG MAI – RAYONG, THAILAND

Sonntag, 16. Oktober Der Flughafen in Chiang Mai ist vorbild-
lich in allen Belangen. Wir werden auch nicht nach unserer Einflugs-
genehmigung nach Kambodscha, unserem heutigen Reiseziel, gefragt.
Was in Indien zu stundenlangen Verzögerungen geführt hat, wird hier
als selbstverständlich erledigt. So werden wir erst kurz vor Bangkok, das
wir östlich umfliegen, gefragt, wie unsere Überfluggenehmigung nach
Kambodscha lautet. Man teilt uns mit, dass unsere Fluggenehmigung
erst für den 18. 10. ausgestellt ist und wir nicht in den kambodscha-
nischen Luftraum einfliegen dürfen. Wir müssen in Thailand bleiben.
Wir fliegen zu unserem Ausweichflughafen U-Tapao. Diese ehemalige
US-Luftwaffenbasis wird heute von der thailändischen Marine als Basis
benutzt. Dort versuchen wir über mehrere Stunden beim kambodscha-
nischen Luftfahrtministerium eine Bewilligung zu erwirken. Es gelingt
weder uns noch der sehr hilfsbereiten Besatzung der Marinebasis, am
Sonntag jemanden von Siam Reap ans Telefon zu bekommen. So bleiben wir in Rayong und verbringen den Nachmittag in einem der vielen
Hotels am Strand.

Stephan versucht
die Bewilligung
für Kambodscha
über Funk,
Satellitentelefon
und E-Mail zu
erhalten.

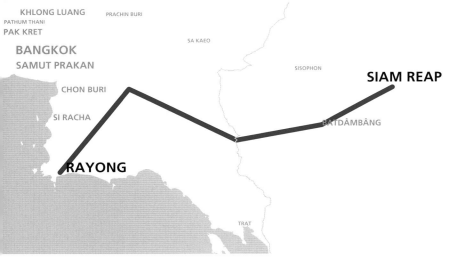

Peoplemover in Siam Reap.

RAYONG – SIAM REAP, KAMBODSCHA

Montag, 17. Oktober Die Landetaxen betragen in U-Tapao 43 Baht, umgerechnet einen Dollar. Wir sind begeistert und versprechen, bald wieder zurück zu sein. Kurz nach dem Start befinden wir uns über der thailändisch-kambodschanischen Grenze. Die Landschaft ist sehr wechselhaft. Zuerst überfliegen wir die Küstenlandschaft von Thailand. Die Hotels reihen sich hier dicht aneinander. Danach folgen kleine Erhebungen in der dicht bewaldeten Tropenlandschaft. Bald darauf sind wir bereits im Landeanflug auf unser Ziel Siam Reap. Wir überfliegen eine Art Sumpflandschaft. Der gesamte Wald ist überflutet. Darin nachgezogen sind Flüsse ablesbar. Alle Häuser sind auf Pfähle gebaut. Ein Anzeichen, dass dies wiederkehrende Überschwemmungen sind, die wir hier sehen. Der Flughafen von Siam Reap ist klein und übersichtlich. Eine Piste, keine Rollwege, nur ein kleines Vorfeld. Der Pilot einer lokalen Fluggesellschaft spricht uns an. Dimitri ist Russe und arbeitet seit 5 Jahren in Kambodscha für eine kleine Fluggesellschaft. Am Abend machen wir uns zum ersten Tempel auf. Siam Reap ist berühmt für Angkor Wat und weitere Tempel, die im 19. Jh. durch französische Kolonialisten vom Urwald befreit wurden. Wir wollen uns den Sonnenuntergang vom Phnom-Bakheng-Tempelberg aus ansehen. Von einem Elefanten lassen wir uns auf den Berg bringen. Oben ange-

kommen ist die Aussicht überwältigend. Hier treffen wir zufällig ein französisches Paar wieder, das wir in Bagan im Hotel kennen gelernt haben. Die Sonne ist nicht zu sehen. Sie geht hinter der einzigen Wolke weit und breit unter. Wir sind von dichtem Dschungel umgeben, aus dem vereinzelt Tempel aus dem Blätterdach ragen. Zurück auf den engen Gassen der Stadt drängen sich unglaublich viele Menschen, Tuk-Tuks, Rikschas und Motorräder. Mopeds werden in Südostasien besonders vielseitig genutzt. Sie werden mit Seitenwagen versehen, bekommen Stützräder oder einen ganzen Anhänger für vier Personen. Man kann damit eine ganze Kleinfamilie transportieren, und auch den Hund noch mitnehmen. Auch Holz, Kanister und bis zu sechs lebende, ausgewachsene Schweine sind damit ohne Probleme zu bewegen.

Bäume wachsen auf dem Ta-Prohm-Tempel nahe Angkor Wat.

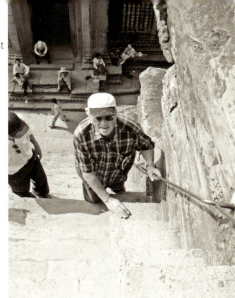

Stephan besteigt die letzte Stufe im Tempel von Angkor Wat.

SIAM REAP

Dienstag, 18. Oktober Unsere Führung durch Angkor Wat beginnt am östlichen Tor der Tempelanlage. Vor dem Tempel befindet sich ein Wasserbecken. Es symbolisiert das Meer, die Mauer dahinter stellt eine schützende Bergkette dar. Erst dann beginnt der eigentliche Tempel. Erbaut aus drei Terrassen, spiegelt jede Stufe einen Schritt auf dem Weg zum Nirwana, das im Mittelpunkt der gesamten Anlage liegt. Angkor Wat ist in einem erheblich besseren Zustand als die umgebenden Tempel. Es ist aus einer härteren Qualität Sandstein hergestellt. Das war zwar aufwendiger beim Bau der Tempelanlage, da der Stein nicht so einfach zu behauen ist, dafür ist er aber weit besser erhalten geblieben als zum Beispiel der Bayon-Tempel in Angkor Thom. Der Tempel Ta Prohm wurde von den Franzosen nur vom kleinen Bewuchs befreit. Die grossen Bäume wurden stehen gelassen. Eine verwunschene Situation. Der Ur-

wald und der Tempel verschmelzen zu einer Einheit. Von den Tempeln in Angkor Thom sind nur die steinernen Elemente erhalten. Alle hölzernen Bestandteile sind schon lange verwittert. Die Anlage von Angkor Thom misst 3 mal 3 Kilometer. Durch den Regen ist die Luft mit Feuchtigkeit geschwängert. Der Sandstein ist feucht. Die Sonne steht tief. Wir sind im Preah-Khan-Tempel angelangt. Eine fünfterrassige Anlage, 900 mal 1200 Meter gross. An jeder der vier Seiten ist mittig ein Eingang angebracht. Wieder wird das Meer, hier ein Wassergraben, mit einer Regenbogenbrücke überwunden. Wieder ist die Anlage von einer hohen Mauer umgeben. Diese Anlage ist wie ein Mühlespiel strukturiert. Wir umrunden den Tempel in konzentrisch angelegten Gängen. Die einst streng symmetrische Anlage wurde durch die Zeit aufgebrochen. Durch Fenster blicken wir in Höfe, die mal intakt, mal heillos zerstört sind. Die Gänge bestehen aus Fluren und Kreuzungen. Die Türen in den Fluchten zum Zentrum sind so angelegt, dass sie zur Mitte hin immer niedriger werden. Die Perspektive wird verzerrt und die Zeit verändert. Es entsteht der Eindruck von sehr langen Gängen. Die Zeit zum Zentrum wird gedehnt. Bewegt man sich weg vom Zentrum, erscheint alles ganz nah. Dann wird die Zeit verkürzt. Der Tempel wird zur Zeitmaschine.

Nach dem Abendessen mit dem Earthrounder Tom Claytor.

Stephan wird Ehrenmitglied der Königlich Thailändischen Orthopädischen Gesellschaft.

SIAM REAP – PATTAYA, THAILAND

Mittwoch, 19. Oktober Ungern verlassen wir das wunderbare Hotel FCC Siam Reap. Der Flug zurück nach U-Tapao verläuft schnell und ohne Probleme. In U-Tapao holt uns Frau Suthorn ab. Sie fährt uns nach Pattaya zum Jahreskongress der Königlich Thailändischen Orthopädischen Gesellschaft, Stephan wird dieses Jahr Ehrenmitglied. Wir sind in einer riesigen Hotelanlage untergebracht, dem Royal Cliff Resort. Eine Anlage aus den frühen 80er-Jahren.

PATTAYA

Freitag, 21. Oktober Heute treffen wir Tom Claytor. Tom ist ein amerikanischer Pilot, der seit 14 Jahren das Gleiche tut wie wir: Er umrundet die Welt. Sein Stil ist etwas anders. Er fliegt eine Cessna 185 und lässt sich sehr viel Zeit. Seit sieben Jahren wohnt er in Thailand. Hier gründete er mit ein paar anderen Piloten den Thai Flying Club, den ersten Fliegerclub Thailands. Davor war die allgemeine Luftfahrt in Thailand nicht existent. Seither fliegt er als Buschpilot verschiedene Einsätze und verdingt sich so seinen Lebensunterhalt. Bisher führte ihn seine Reise nach Afrika und Europa. Er konnte uns Dutzende von Tipps zum Fliegen in Entwicklungsländern geben. Er hat zum Beispiel immer zwei Stempel mit: Einer heisst Medical, der andere Approved. Damit kann er sich an gewissen Orten selbst seine Flugtauglichkeit ausstel-

len und Unabwägbarkeiten aus dem Weg gehen. Er stellt einen Antrag aus und bestätigt danach gleich noch. Wie praktisch und zeitsparend. Er erzählt uns auch eine Geschichte aus Afrika. Dort lebte er für einige Zeit in einem kleinen Dorf. Der Dorfpolizist hatte es auf ihn abgesehen und stellte ihm oft nach. Eines Tages stoppte er Tom mit seinem Picci Picci, einem Motorrad. Bei der Ausweiskontrolle fallen dem Polizisten zwei Impfpässe auf, die Tom mit sich führt. Er verlangt eine Erklärung und freut sich bereits auf das Strafgeld, das er einsacken kann. Tom erklärt, dass der eine Impfpass für ihn sei und der andere für seinen Picci Picci, da er ja mit ihm reise und so denselben Gefahren ausgesetzt sei. Der Polizist lässt ihn ziehen. Am nächsten Abend in der Bar kommt ein erboster Freund von Tom zur Tür herein. Er hat gerade eine Strafe zahlen müssen, weil er den Impfpass für sein Auto nicht dabei hatte. Tom erzählte an diesem Abend noch viele solcher Geschichten.

Routenwahl

Viele Wege führen nach Sydney. Die Wahl der optimalen Streckenführung ergab sich aus den für Stephan geplanten wissenschaftlichen Vorträgen und den nötigen Zwischenlandungen, die nach Benzinverbrauch bemessen waren. Die theoretische Reichweite lag nach Umbau der Flügeltanks bei rund 3000 Kilometern. Nach Abzug sicherheitsbedingter Reserven blieben 2500 Kilometer. Wir mussten Flugplätze auswählen, wo wir Flugbenzin erhalten konnten. Heute ist an vielen Flugplätzen nur noch Kerosin, also Düsentreibstoff erhältlich. Die mögliche Distanz zwischen zwei Landungen musste auch dem vorherrschenden Wind Rechnung tragen. Als wir beispielsweise von Bali nach Darwin über 8 Stunden einem Gegenwind von 50 bis 80 km/h ausgesetzt waren, verlängerte sich unsere Reisezeit um zwei Stunden, und die Reichweite verkürzte sich um 600 km.

Es gibt zwei grundlegend verschiedene Arten, Flüge durchzuführen: Sogenannte Flüge nach Sichtflugregeln, VFR. Die Referenz ist, was man aus dem Cockpit sieht, und solche nach Instrumentenflugregeln, IFR, hier verlässt sich der Pilot auf die Instrumente, um die Fluglage und die Route einzuhalten. Will man schnell und sicher weiterkommen und unabhängig von Wettereinflüssen sein, so ist der Instrumentenflug die erste Wahl. Wir planten alle unsere Flüge IFR durch mit der Option, bei guten Bedingungen nach VFR zu wechseln. IFR-Flüge führen über Luftstrassen. Wir benutzten sie auf mittlerer Höhe, zwischen 1000 und 8000 Metern. Die Luftstrassen garantieren Hindernisfreiheit und vermeiden verbotene Zonen, z. B. militärischer Anlagen oder die Einflugschneisen anderer Flugplätze. Sie garantieren normalerweise den Kontakt mit der Luftverkehrskontrolle auf den üblichen Frequenzen. Über dem Meer, Wüsten und unbesiedelten Gebieten ist das nicht immer garantiert. Dort mussten wir uns entweder auf die Kurzwellenstation oder das Satellitentelefon verlassen. Manchmal halfen auch die Piloten der Linienflugzeuge, die uns als Relaisstation dienten.

Die Routenplanung erfolgte Monate vor dem Flug mit Hilfe des Jeppesen-Flightstar-Programms. Wir beschafften uns Funknavigationskarten, entwarfen die Flugroute und berechneten den Benzinverbrauch. Oft planten wir in Optionen. Die gesamte Planung wurde mit Hilfe des Computers wesentlich erleichtert. Jeden fünften Tag planten wir einen Reservetag ein. Mit ihm konnten wir auf schlechtes Wetter reagieren. In den Tropen, wo oft mit heftigen Gewittern zu rechnen ist, verlegten wir den Abflug auf den frühen Morgen. Doch nicht selten wurde diese Absicht durch die mühsame Abwicklung des Papierkriegs unmittelbar vor dem Abflug durchkreuzt. Die Abwicklung in Kathmandu, sie ist im Reisebericht ausführlich beschrieben, nahm kafkaeske Ausmasse an. In Asahikawa waren sprachliche und organisatorische Probleme im Vordergrund, im Luftraum über Russland erreichte die Unbeweglichkeit der Kontrollstellen ihren Höhepunkt. Mit der Zeit gewöhnten wir uns daran und erwarteten wenig, so konnte die Überraschung nur positiv ausfallen.

Die sogenannten Enroute Charts zeigen die Luftstrassen, die Funknavigation, die sicheren Flughöhen und die Frequenzen der Bodenstationen für den Flugfunk an. Für jeden Blindflug-tauglichen Flugplatz existieren mehrere An- und Abflugkarten. Für grosse internationale Flugplätze dokumentieren bis zu hundert dieser Karten die verschiedenen Flugmanöver für An-, Abflug und die Rollmanöver am Boden. Früher musste man die Anflugkarten aller zu überfliegenden Länder im Flugzeug mitnehmen. Die Silhouette des kofferschleppenden Piloten war auf dem Flugfeld charakteristisch. Heute sind sie neben den Papierkarten auch als CD oder über das Internet erhältlich und werden ständig den neuesten Gegebenheiten angepasst. Die erhebliche Masse an Papier hätte unser Abfluggewicht aber wesentlich erhöht. So entschieden wir uns, für Abflug und Anflug unserer Ziel- und Ausweichflughafen die Papierkarten mitzunehmen und für unerwartete Routenänderungen die Daten des Computers zu benutzen. Ein konventioneller Laptop erwies sich im Flug als wenig brauchbar, da Texte und Karten auf dem Bildschirm im Sonnenlicht praktisch nicht lesbar sind. Ausserdem versperrte der Bildschirm die Sicht auf die Fluginstrumente. Wir entschieden uns daher für einen Tablet-Computer, der ohne Tastatur auskommt und dessen Bildschirm auch bei starkem Sonnenlicht ausgezeichnet ablesbar war. Dieser Computer in Kombination mit den Navigationsprogrammen erwies sich als eine hervorragende Lösung.

Stephan und Nicolas mit Ursula Bühler-Hedinger bei der Planung des ersten Flugs nach Istanbul.

SAMUT PRAKAN KRUNG THEP

RAYONG

PHNUM PÉNH

THANH PHO HO CHI MINH

IPOH

MEDAN

KLANG **KUALA LUMPUR**

PATTAYA – KUALA LUMPUR, MALAYSIA

Sonntag, 23. Oktober Die Malaiische Halbinsel ist berühmt für schwere Gewitter. Kurz vor Mittag wollen wir in Kuala Lumpur landen. Heute fliegen wir das erste Mal eine längere Strecke über Wasser. Wir müssen also alle Ausrüstungsgegenstände für die Wasserüberquerung wie Rettungsboot, EPIRB Notsender und Notfunkgerät griffbereit legen. Aber wo ist das Notfunkgerät? Wo ist die Tasche, die wir im Hotel vorbereitet haben? Sie liegt in den Tiefen des Kofferraums der Limousine, die uns hierhergefahren hat! Also raus aus dem Flugzeug und ran ans Telefon. Im Hotel teilt man uns mit, dass der Fahrer noch nicht zurück ist. Wir erklären das Problem und man verspricht uns, zurückzurufen, sobald der Fahrer zurück ist. Eine halbe Stunde später steht der Fahrer auf dem Flugfeld und übergibt uns die Tasche. Also Motor starten und der Luftaufsicht die Startbereitschaft melden. Dann geht es los. Wir

starten nach Norden. In einer weiten Linkskurve fliegen wir Richtung Süden über den Golf. Je weiter wir nach Süden kommen, umso mehr Gewitter liegen in der Luft. Das Stormscope zeigt uns genau an, wo die Gewitter liegen. Wir entscheiden uns für eine nördliche Route, über das Meer zum Festland an die westliche Küste und dann weiter nach Kuala Lumpur. Unser Weg führt uns über Phuket. Vor einem Jahr wurde Phuket von dem verheerenden Tsunami getroffen. Die gesamte Gegend liegt unter einer geschlossenen Wolkendecke. Wir fliegen weiter nach Süden. Entlang der Malaiischen Küste. Wunderschöne kleine Inseln säumen das Meer. Dazwischen immer wieder mal eine Motorjacht, die, auf dem Weg zu einem Strand, das Wasser pflügt. Die Grenze zwischen Thailand und Malaysia ist erstaunlich deutlich abzulesen. Auf der malaysischen Seite ist die Landwirtschaft viel ausgeprägter. Es existiert fast kein unberührtes Land mehr. Autobahnen durchmessen das Land. Ein hoher Industrialisierungsgrad wurde erreicht. Das Bild erinnert stark an Mitteleuropa. Der Anflug auf den Flughafen wird durch die lokalen Controller professionell begleitet. Auf dem Endanflug sehen wir links Kuala Lumpur liegen. Die Wolkenkratzer vor der Regenwaldkulisse sind beeindruckend. Am Boden treffen wir Andreas, einen deutschen Piloten, der in Kuala Lumpur einen Fliegerclub leitet. Weitere Piloten sammeln sich um unser Flugzeug. Es wird über das Flugzeug, das Fliegen und die Bedingungen in Malaysia gefachsimpelt. Die allgemeine Fliegerei in Malaysia ist gut entwickelt. Hier ist es im Gegensatz zu Thailand bereits seit Jahren möglich, Privatflugzeuge zu besitzen und zu fliegen. Hier treffen wir auch Kapitän Adam. Mit ihm hatten wir bereits länger Kontakt via E-Mail. Auch er leitet einen Fliegerclub. Sein Mechaniker wird die 50-Stunden-Kontrolle an unserem Flugzeug durchführen. Am Abend werden wir von Danny Khor verwöhnt. Danny Kohr ist der Leiter der Synthes-Vertretung für circa 300 Millionen Menschen. Sein Gebiet umfasst die Länder Malaysia, Singapur und Indonesien. Er wird uns die nächsten Tage begleiten.

Wohngebäude in Kuala Lumpur.

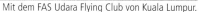

Mit dem FAS Udara Flying Club von Kuala Lumpur.

Wir besichtigen auch die Petronas Towers. Diese Zwillingstürme waren bis vor Kurzem die höchsten Häuser der Welt. Ihre Erdgeschosse sind mit Einkaufspassagen gefüllt. Das Leben tummelt sich bis in den späten Abend in den Hallen und auf der Terrasse davor. Die Qualität der Gebäude und speziell die Aussenbeleuchtung ist sehr gut. Wie zwei riesengrosse Kristalle stehen die beiden Türme in der tropischen Nacht. An ihren Fassaden wird das Licht vervielfacht und auf die Stadt zurückgeworfen. Mit dem Bau der Türme wurden zwei verschiedene Baufirmen beauftragt. Der grösste koreanische und der grösste japanische Baukonzern errichteten je einen Turm. Damit hatte man einen Wettbewerb um Qualität und Zeit sichergestellt.

KUALA LUMPUR

Montag, 24. Oktober Am Morgen fährt Nicolas zum Flughafen, um die 50-Stunden-Kontrolle zu überwachen. Der Mechaniker, ein kleiner drahtiger Inder, sitzt bereits an der Maschine. Er erzählt von seinem Hobby: er baut Flugzeuge in seiner Freizeit. Später zeigt er Nicolas stolz drei seiner Konstruktionen. Stephan kümmert sich unterdessen um die Steckverbindungen für die Funkgeräte. Er lässt sie in einem Elektronikladen in Kuala Lumpur herstellen. Nachdem alles erledigt ist, fahren wir in die Stadt zurück. Malaysia ist ein Vielvölkerstaat. Hier leben muslimische Malaien, buddhistische Chinesen, hinduistische Inder, Tamilen und viele weitere Ethnien zusammen. Auch gibt es hier Kopien von allem, was in der Welt gut und teuer ist. Nicht nur Uhren, Schmuck und Handtaschen, auch Turnschuhe, Jacken, T-Shirts und CDs und DVDs werden feilgeboten. Dazwischen Strassenküchen und fahrende Händler mit Früchten.

SELAYANG BARU
DUNGUN KAMPANG-ULU KLANG
KUALA LUMPUR
KLANG
KAJANG-SUNGAI CHUA

SEREMBAN

PORT DICKSON

BUKIT BARU
MELAKA

BANDAR MAHARANI   KLUANG

PULAU RUPAT
BANDAR PENGGARAM

DUMAI

JOHOR BAHRU
PULAU BENGKALIS   SINGAPORE

SINGAPORE

PULAU PEDANG

Stephan beim
Vortrag in der
Universität von
Singapur.

KUALA LUMPUR – SINGAPUR

Dienstag, 25. Oktober Der Flug nach Singapur dauert nur eine Stunde. Wir fliegen nach Sichtflugregeln über dem Meer auf einer Höhe von 500 Metern. Auf unserer gesamten Reise haben wir bisher nie ein anderes Sportflugzeug in der Luft angetroffen. Hier haben wir zum ersten Mal Gegenverkehr. Von der Verkehrsleitstelle gewarnt, sehen wir in etwa drei Kilometern Entfernung eine Piper aus dem Dunst auftauchen und an uns vorbeiziehen. Kurz vor der Landung in Singapur überfliegen wir Johor. Johor ist berühmt wegen seines Sultans. Dieser habe nicht nur seinen Golfcaddy erschlagen, nachdem er eine spöttische Bemerkung über seinen Abschlag wagte, er ist auch der einzige Mensch, der je ein voll besetztes Passagierflugzeug entführte, ohne dafür zur Rechenschaft gezogen worden zu sein. Und das kam so: Kurz nach dem Start in Hongkong begrüsste der Kapitän

seine Fluggäste auf dem Malaysia-Airlines-Flug von Hongkong nach Kuala Lumpur. Als der Sultan dies hörte, rief er wutentbrannt den Kapitän in die Kabine und erklärte ihm, dass er auf dem neu errichteten Flugplatz von Johor zu landen hätte. So geschah es dann auch. Der Sultan verliess in Johor die Maschine.

Wir erreichen Singapore Seletar Airport. Uns erwartet ein kleiner, gut ausgestatteter Flughafen mit intensivem Privatverkehr. Herr Rüdisühli, der Niederlassungsleiter der lokalen Jet Aviation, kümmert sich um uns. Singapur ist eine Insel mit erstaunlicher Geschichte. Sie war einst Teil von Malaysia, bis sie zur Strafe aus dem Land ausgeschlossen wurde, als sie einmal nicht nach dem Willen der Regierung handelte. Das würde heute wohl nicht mehr passieren.

Nach einer ausgiebigen Nachtruhe muss Nicolas den ganzen Tag Fotos sortieren. An der Universität halten Nicolas und Stephan am Abend einen Vortrag über den Flug. Sie erzählen von ihren Abenteuern, es gibt viel zu lachen. Das Publikum ist ausgesprochen aufgeschlossen. Stephan versucht bei seinem folgenden Vortrag über die Probleme osteoporotischer Hüftfrakturen und ihrer Osteosynthese ernster zu bleiben.Danach essen wir in einem chinesischen Restaurant mit den Protagonisten der Orthopädischen Gesellschaft aus Singapur. Interessante Diskussionen entspinnen sich über Behandlungen bei Osteoporose und die Fliegerei.

SINGAPUR – JAKARTA, INDONESIEN

Donnerstag, 27. Oktober Noch vor Sonnenaufgang stehen wir am Flugzeug. Der Himmel ist bedeckt. Die Wolkenschichten liegen in unterschiedlichen Höhen. Wir starten, steigen auf Reiseflughöhe und fliegen zwischen zwei Wolkenschichten. Es ist wie im Traum. Die Sonne geht langsam auf und wirft ein diffuses Licht auf die Wolken. Vor uns, leicht östlich von unserem Kurs, liegt ein heftiger Gewittersturm. Bald wird sich zeigen, ob wir ausweichen müssen oder noch daran vorbeifliegen können. Wir haben jetzt den Luftraum von Singapur verlassen und befinden uns über indonesischem Hoheitsgebiet. All unsere Bemühungen, mit der Fluglotsin in Jakarta Kontakt aufzunehmen, scheitern. Wir können sie gut hören und hören auch den anderen Funkverkehr, sie antwortet jedoch nicht auf unsere Rufe. Wir bitten einen Airliner, für uns zu vermitteln. Noch bevor dieser unseren Anruf wiederholt, antwortet sie endlich und sagt, dass sie uns aufnehmen konnte und alles gut verstanden hat. Warum auch einem kleinen Flugzeug antworten? Wir erreichen die Insel Java, auf der Jakarta liegt. Die 20-Millionen-Metropole liegt am nordwestlichen Ende der Insel. Wir landen in Jakarta kurz vor einem tropischen Gewitter. An allen Kontrollen vorbei werden wir aus dem Flughafen geführt. Dafür brauchen wir für die fünf Kilometer Fahrt zum Hotel fast anderthalb Stunden. Ein Durcheinander verschiedenster Gefährte blockiert die Strassen. Vor dem Hotel eine Strassensperre. Das Auto wird von innen und aussen auf Bomben und Waffen untersucht. Beim Hoteleingang ist eine Sicherheitsschleuse wie im Flughafen. Vor Kurzem wurde hier das Hotel Mariott in die Luft gesprengt. Hier erreicht uns auch die Nachricht von dem erneuten Bombenanschlag auf Bali. Übermorgen werden wir dort übernachten.

Am Abend essen wir mit Danny, unserem Reisebegleiter seit Kuala Lumpur, in einem indonesischen Restaurant. Das Restaurant liegt in einem

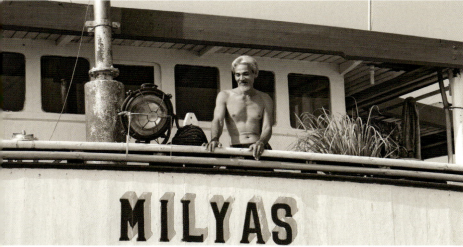

Im Hafen von Jakarta.

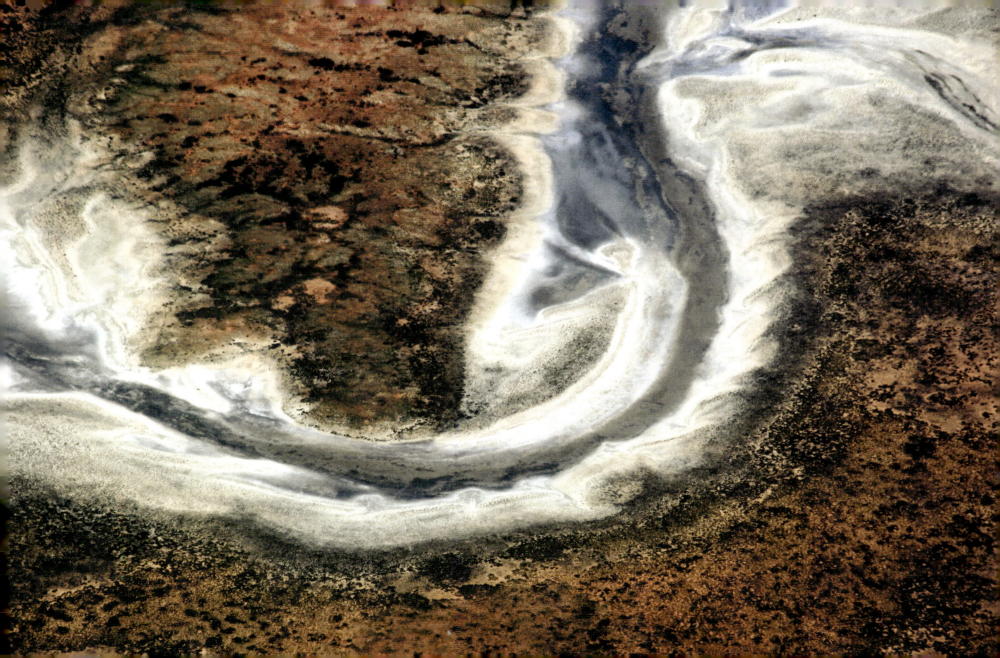

Stephan beim Vortrag in Jakarta.

Park und hat keine Wände. Die Bäume wachsen in den Speisesaal. Es herrscht grosser Trubel, circa 200 Menschen essen unter einem Dach. Später geniessen Nicolas und Danny an der Hotelbar das lokale Bier. Nicolas versucht Danny davon zu überzeugen, dass Marco Polo den Chinesen die Nudel und das Schwarzpulver gebracht hat und nicht umgekehrt. Danny ist chinesischer Abstammung und überzeugt, dass es andersrum war. Nach einer gewissen Zeit gibt er auf. Nicolas war sehr überzeugend, oder Danny sehr müde.

JAKARTA

Freitag, 28. Oktober Nach dem Frühstück fahren wir an den alten Hafen der Stadt. Hier liegen riesige Holzschiffe. Einige davon sind so schwer beladen, dass nur noch eine Planke aus dem Wasser schaut. Da Indonesien aus Hunderten von Inseln besteht, kommt dem Schiffsverkehr eine wichtige Rolle zu. Die harte Konkurrenz der vielen Schiffsanbieter bewirkt, dass die Schiffe oft überladen werden. Wir schauen uns noch die Fischversteigerungshalle an. Der Geruch wirft einen fast um. In einer basarähnlichen Einkaufsstrasse gibt es Stände mit Tausenden von Muscheln. Daneben werden Ketten und andere Dinge, aus Muscheln hergestellt, feilgeboten. Wir fahren weiter in den Botanischen Garten. Eine riesige Anlage, die hauptsächlich der Forschung und Erziehung dient. Man kann mit dem Auto durchfahren und aussteigen, wo es einem gefällt. Eine unglaubliche Anzahl von verschiedenen Bäumen säumen die Wege. Blüten in allen Formen und Farben zieren Baum und Strauch. Wir treffen auch einen Biologen mit einem Fliegenden Fuchs auf dem Arm. Das ist eine grosse Fledermaus, die sich von Nektar und Früchten ernährt. Der Fliegende Fuchs ist hauptsächlich verantwortlich für die Bestäubung der Bäume in den Regenwäldern. Die Orchideenhalle ist in ihrer Artenvielfalt atemberaubend. Die Konkurrenz der Düfte und Farben macht uns ganz benommen. Wir fahren weiter zu jenem Teil, der noch Urwald ist. Von der Strasse gehen wir 150 Meter in den Wald. Hier stoppt der Führer und teilt Nicolas mit, dass es zu gefährlich ist, weiter zu gehen. Der kann das fast nicht glauben, da der nächste Abschnitt des Weges nicht anders aussieht als der, auf dem wir kamen. So drehen wir um und gehen zurück ins Auto. Ein paar Meter weiter lässt Nicolas stoppen. Er hat in einem Baum eine Spinne gesehen, die er fotografieren will, steigt aus und geht auf die Spinne zu. Plötzlich spürt er einen leichten Widerstand in seinen Haaren. Ruckartig weicht er zurück mit einer bösen Vorahnung. Er hat sich in einem Spinnennest verhakt, schaut hoch und blickt einer 15 Zentimeter grossen Tigerspinne ins Auge. Die gleiche Art, die er fotografieren wollte. Nun versteht er den Führer, der nicht mehr weiter gehen wollte. Tröstlich ist, dass der Biss der Tigerspinne einen Menschen nur einige Tage Fieber bereiten kann, also fast harmlos ist.

Am Abend treffen wir einen Teil der indonesischen Chirurgen. Es gibt in Indonesien 250 Chirurgen, genau einen pro einer Million Einwohner.

ANGKAL PINANG

PALANGKA RAYA

BANJARMASIN

JAKARTA
EPOK
BOGOR
CIMAHI   BANDUNG   CIREBON
GARUT   TEGAL   ADIWERNA
TASIKMALAYA   CILACAP   SEMARANG
PURWOKERTO   MAGELANG
YOGYAKARTA   SALATIGA
KUDUS
SURAKARTA   JOMBANG   PASURUAN
KEDIRI
BLITAR   MALANG
JEMBER   BANYUWANGI
SURABAYA
MOJOKERTO

DENPASAR

Vor dem Abflug nach Bali beim Überprüfen des Flugzeugs.

Auf dem Flugplatz von Jakarta mit Adi Laksmana, dem lokalen Ground Handling Agent.

JAKARTA – BALI, INDONESIEN

Samstag, 29. Oktober Die Insel Java und weitere Inseln, die wir auf unserem Weg überfliegen, sind vulkanischen Ursprungs. Ein Vulkan nach dem anderen taucht vor uns auf. Wir fliegen entlang dieser Reihe von grünen Bergen Richtung Osten. Bald erreichen wir das Ende der Insel Java und setzen nach Bali über. Wir fliegen eine nördliche Schleife um Bali und besuchen den noch aktiven Hauptvulkan. Der Blick ins Innere ist aufregend. Die Insel ist von kleinen Wolken umgeben. Es ist ein schönes, friedliches Bild, das im starken Gegensatz zu den schrecklichen Bombenanschlägen steht, die hier vor ein paar Tagen stattgefunden haben. Im Anflug auf den Flughafen von Denpasar tauchen wir unter die Wolken. Wir überfliegen schwarze Vulkanstrände und kleine Fischerdörfer. Kurz vor dem Flughafen, auf 800 Metern Höhe, sind wir plötzlich umgeben von kleinen schwarzen Flecken. Wir verstehen erst gar nicht, was das sein kann. Dann erkennen wir riesige Drachen, die in ungewöhnlich hohen Lüften schweben. Wir können nicht steigen, weil wir gleich zur Landung ansetzen müssen, wir können also nur nach vorne schauen und den Dingern ausweichen. Es ist wie in einem Computerspiel. In der unmittelbaren Nähe des Flughafens verschwinden die Drachen, und wir setzen zur Landung an.

Das Auftanken des Flugzeugs dauert mehrere Stunden, da die Pumpe kaputt ist und das Flugzeug nun aus Fässern betankt werden muss. Der Tankwart meint, die Pumpe sei gestern kaputt gegangen. Ein anderer Pilot sagt uns später, die Situation sei schon seit Monaten so.

Ultrakurzwellen-Funk (VHF)

Der Sprechfunk mit den Bodenleitstellen ist beim Blindflug un-abdingbare Voraussetzung. Anweisungen, Freigaben und Infor-mationen werden im Flugfunk über Ultrakurzwellen (VHF), das sind Funkfrequenzen mit einer Wellenlänge von etwa 2 m (118–136 MHz), abgewickelt. Die Ausbreitung der VHF-Wellen folgt praktisch jener des Lichts. Je höher man fliegt, desto weiter reicht die Verbindung. So ist die Strecke, die mit VHF-Funk überbrückt werden kann, bei einer Flughöhe von 1500 m nur etwa 150 km, bei unserer höchsten Flughöhe etwa 350 km.

Kurzwellenanlage

Über Meeren, Wüsten und wenig bevölkerten Gegenden war kei-ne normale Flugfunk-Kommunikation mit den Bodenfunkstellen möglich. Zudem war es für einen Amateurfunker wie Stephan at-traktiv, während der Reise mit seinen Kollegen zu Hause und in fremden Ländern Kontakt aufzunehmen. Dafür wurde eine Kurz-wellenanlage ICOM 706 mobil eingebaut. Hans Schümperlin (HB9-CNM), ein Avionik-Ingenieur und Funkfreund von Stephan, über-liess uns eine ferngesteuert ausfahrbare Antenne. Sie stammte aus der Zeit der frühen Verkehrsflieger, als man über dem Meer auf Kurzwellen-Kommunikation angewiesen war. Auf den Bändern von 5, 8 und 11 MHz (USB) sprachen wir mit der Verkehrskontrolle, auf 7 MHz LSB, 14 und 21 MHz USB mit den Kurzwellen-Amateuren. Trotz der geringen Sonnenflecken-Tätigkeit und damit schlechten Ausbreitungsbedingungen hatten wir bis nach Indien regelmässi-ge Verbindungen mit den Schweizer Funkamateuren, später mit Russland, Thailand und Indonesien. Über dem wenig bewohnten Gebiet inmitten Australiens brach auf der Funkfrequenz ein wahres Chaos aus, jeder wollte mit den verrückten Schweizern sprechen. Während des eintönigen Flugs über der Hudson Bay begleitete uns ein Funker aus Virginia. Für die Strecke von Kulusuk nach Island hatten sich mehrere Schweizer Amateure auf die Lauer gelegt, aus-gerechnet auf dieser Strecke konnte die Kurzwellenantenne nicht ausgefahren werden. Die Station erlaubte auch mit Pactor (SCS PTC-II), einem digitalen Mehrton-Verfahren, über Airlink auf dem Internet zu arbeiten. So konnten Stephan und Nicolas Wetterdaten herunterladen, ihre Mailbox HB9HAI auf dem Weissfluhgipfel bei Davos abfragen sowie ihre Position für die Homepage senden.

Satellitentelefon

Für Notfälle und zur Kommunikation in Ländern ohne Mobilfunk hatten wir ein Iridium-Satellitentelefon mit. Es wurde direkt in das Bordkommunikationssystem eingespeist und war damit auch während des Fluges benutzbar. Sehr gute Dienste leistet es in Ge-genden, in denen kein Kontakt zur Flugkontrolle bestand. So nah-men sie zum Beispiel zwischen Osttimor und Australien mit der australischen Flugsicherung Kontakt auf, um sicherzustellen, dass unser Flugplan in Australien angekommen ist und wir bei Bedarf eine Notlage melden konnten.

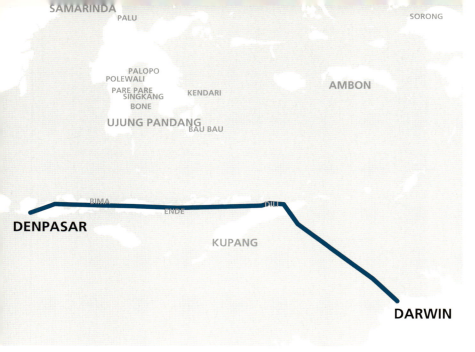

BALI – DARWIN, AUSTRALIEN

Sonntag, 30. Oktober Der Flug heute führt uns über die Inseln Lombok, Flores und Osttimor, fruchtbare Inseln voller Vegetation und mit sehr abwechslungsreicher Küstenlinie; mal Strände, mal Klippen.

Bald darauf folgt Osttimor. Timor kam vor ein paar Jahren in die Schlagzeilen, als sich der Osten der Insel von Indonesien abgespaltet hat. Die Timorsee ist reich an Öl. Damit waren Interessenkonflikte vorprogrammiert. Wir fliegen weiter durch die Timorsee nach Australien. Nach Timor folgt für Stunden nur offene See. Wir rufen mit dem Satellitentelefon an, um sicherzustellen, dass wir bei einem Notfall schnell Kontakt mit den Suche- und Rettungskräften haben. Da wir mit viel Gegenwind rechnen, starten wir mit vollen Tanks. Wir steigen auf 3500 Meter. Die Gegenwindkomponente steigt immer weiter an. Aus den im Wetterbericht angesagten 15 Knoten wer-

den 30 und dann sogar 40 Knoten, d. h. fast 80 Kilometer pro Stunde Gegenwind. Unsere Geschwindigkeit wird damit um fast ein Drittel reduziert. Wir sinken auf 2000 Meter ab, der Gegenwind bleibt unverändert. Der Flug war auf sechseinhalb Stunden geplant, dauerte dann aber achteinhalb Stunden. Da wir die Einreisebestimmungen in Australien kennen, nehmen wir wenig zu essen mit. Den Rest, Nüsse und getrocknete Früchte, werfen wir vor der Landung über Bord.

Nach langen drei Stunden über dem Wasser taucht am Horizont Land auf. Auch Seevögel zeigen das kommende Land an. Australien! Wir haben es tatsächlich geschafft. Grosse Freude und Stolz steigten in uns auf. Es ist nicht das Ende unserer Reise, aber ein wichtiger Abschnitt ist geschafft. Wir erreichen das Land, der Flughafen kommt in Sichtweite. Um meine Geduld und vor allem meine Blase zu prüfen, verlangt Stephan einen vollen Instrumentenlandeanflug. Nach weiteren 20 Minuten landen wir in Darwin, Australien. Wir werden an einen Quarantäne-Standplatz dirigiert. Die Frau vom Zoll hält uns eine Spraydose ins Flugzeug und befiehlt, 10 Sekunden das Flugzeug einzunebeln. Danach müssen wir weitere 5 Minuten im geschlossenen und eingenebelten Flugzeug aushalten, bei einer Aussentemperatur von 35°C. Wir kochen bei wohl 50 Grad Innentemperatur. Dann hat alles ausgepackt zu werden, der Abfall wird entsorgt und das Flugzeug von vorne nach hinten kontrolliert. Endlich dürfen wir in das gekühlte Terminal und dort auf die Toilette. Nach der Kontrolle all unserer Sachen werden wir von den australischen Behörden entlassen, und wir sollen den Quarantäneplatz für das nächste Flugzeug freimachen. Nicolas steigt ein, um den Motor zu starten. Nichts tut sich. Was ist geschehen? Ist das Relais bei dem Kurzschluss des letzten Anlassers kaputt gegangen? Haben die Inder bei der Reparatur etwas falsch gemacht? Alles Fragen, die wir am nächsten Morgen mit dem lokalen Mechaniker klären wollen. Erst mal zum Hotel und uns von dem langen Flug im Pool erholen.

DARWIN

HAYES CREEK

KATHERINE

TENNANT CREEK

ALICE SPRINGS

YULARA

ULURU

Stephan mit der
Antenne in Alice
Springs:
42 Grad Celsius.

DARWIN – ALICE SPRINGS, AUSTRALIEN

Montag, 31. Oktober Der Kabelschuh am Anlasser war abgebrochen. Das Problem ist schnell behoben, und wir starten zu einem weiteren langen Flug. Zuerst wollen wir zum Uluru, dem berühmten Monolithen inmitten des australischen Busches. Der Himmel ist bevölkert von Tausenden kleiner Schäfchenwolken. Wir versuchen Formen zu erkennen. Und tatsächlich sind Tiere aller Art, aber auch Berge und Autos, Flugzeuge und kleine Gnome zu sehen, die uns begleiten. Unter uns liegt die rote Erde Australiens, über uns der weite, blaue Himmel. Dann taucht der Uluru auf. Roter als die Erde, gleichmässig und ebenförmig, wie nicht aus dieser Welt. Die Wolken werfen rundherum Schatten, nur der Monolith ist immer in der Sonne. Wir umkreisen den Fels immer und immer wieder. Es ist schwierig, die Magie des Moments zu beschreiben.

Wir müssen uns losreissen. Der schwindende Benzinvorrat zwingt uns zum Weiterflug. Die Strecke nach Alice Springs ist noch anderthalb Stunden lang. Die Landschaft unter uns wechselt nur graduell. Alice Springs ist anders. In einem Talkessel eingebettet, voller grüner Vegetation scheint dieser Ort wie eine Oase in der Wüste.

Das Thermometer zeigt nach der Landung 37,5 Grad Celsius. Recht aufsässige Fliegen überall. Sie wollen an unsere Feuchtigkeit. Dafür ist ihnen jedes Mittel recht. Nach der Landung kommt ein Mann zum Flugzeug und fragt, ob dieser Draht und der Trichter daran wohl uns gehörten. Wir hatten vergessen, die Schleppantenne einzuziehen. Die Frage war eher rhetorisch, am anderen Ende des Drahtes hing das Flugzeug.

Alice Springs ist touristischer geworden. Vor 35 Jahren noch hatte Stephan hier seinen Freund aus Zermatt, Florian Biner, getroffen. Ein Infarkt in relativ jungen Jahren macht ein Wiedersehen leider unmöglich.

WINDORAH

BIRDSVILLE

BETOOTA

ALICE SPRINGS – WINDORAH, AUSTRALIEN

Dienstag, 1. November Wir starten vor der grossen Hitze in den Sonnenaufgang. Unser nächstes Ziel ist Windorah. Bis dorthin überfliegen wir die Simpson-Wüste. Kein Baum, kein Strauch, nur Sand und Fels. Es gibt Piloten, die sagen, es ist schlimmer, in der Wüste niederzugehen als im Meer. Kurz nach Birdsville beginnt wieder die Vegetation. Wir entdecken Windorah erst spät. Wir hatten den Ort als Zwischenhalt ausgewählt, weil die lange Asphaltpiste eine grössere Stadt vermuten liess. Windorah besteht aber aus circa 30 Häusern. Wir lernen später, dass der Ort 60 Seelen zählt. Wir landen und sind ganz alleine. Im Flughafengebäude, das eine Tafel ziert: «Terminal building, it should die soon», steht ein Telefon. Stephan will gleich weiterfliegen. Wir lassen uns aber doch vom Hotel abholen. Nicolas denkt, hier gibt es was zu erleben, auch wenn es nur das grosse Nichts ist. Bald darauf haben wir uns im Pub mit Sandy Kidd Mayfield angefreundet. Er ist weit herum bekannt und 65 Jahre alt. Mit einer Cessna hat er in 25 000 Flugstunden vor allem Rinderherden getrieben. Sandy ist bereits am Mittag gut in Fahrt. Er lädt uns zu einer Rundfahrt am späteren Nachmittag ein.

Wir belegen ein Viertel der vier Hotelzimmer in diesem Ort und halten einen Schwatz mit unseren Nachbarn. Es sind Briten, die sich für 14 Tage zwei Motorräder ausgeliehen haben. Sie werden damit etwa 5000 Kilometer über unbefestigte Strassen brettern.

Die roteste Sanddüne Australiens hinter dem Haus von Sandy Kidd.

Die HB-DGL ganz alleine auf dem Flugplatz von Windorah.

Das Hinweisschild des Fughafen-terminals von Windorah.

Nicolas mit Sandy Kidd Mayfield beim Versuch, die Wasserpumpe zu starten.

Der Schatten des Nissan Patrol Pickup in der Abendsonne.

Um 16:00 klopft es an unserer Tür. Sandy steht mit seinem Nissan Patrol Pritschenwagen vor der Tür. Wir fahren los. Zu dritt sitzen wir auf der luftigen Frontbank. Sandy kennt sich aus. Er prescht über die Feldwege. Er erzählt von seinen etwa 5000 Rindern. Sein Australisch ist schwer zu verstehen. Wir fahren für uns ohne geografische Anhalts-punkte und fragen uns, was wohl geschehen würde, wenn die alte Karre den Geist aufgäbe. Sandy zeigt auf sein Satellitentelefon: seine Lebens-versicherung. Auch habe er der örtlichen Krankenschwester gesagt, wo wir hinfahren; wenn wir bei Nachteinbruch nicht zurück sind, wird ein Suchtrupp losgeschickt. So fahren wir nun versichert, dass alles gut wird, mit 120 durch den Busch. Nach einer Stunde Fahrt kommen wir an eine Wasserstelle. Sandy versucht das Stromaggregat der Grundwas-serpumpe zu starten. Ein hoffnungsloses Unterfangen. Weiter geht es in wilder Fahrt zum nächsten Wasserloch. Kängurus stieben auseinan-der. Das Windrad am nächsten Wasserloch funktioniert sichtlich, die nächste Umgebung ist von Grundwasser überschwemmt. Dann weiter zu einem vorsintflutlichen Dieselaggregat, das mit Treibriemen eine Pumpe antreibt. Dann geht es zurück ins Dorf. Auf dem Weg dorthin kommen wir noch bei der rotesten Düne Australiens vorbei. Die Sonne geht gerade unter, und die Gegend ist in rot-oranges Licht getaucht.

Nach der langen Fahrt gönnen wir uns ein Bier im Pub. Wir sind Sandy für dieses australische Abenteuer dankbar.

WINDORAH

MITCHELL

CHARLEVILLE

TARA

SUNSHINE COAS[T]

BRISBANE

TOOWOOMBA

GOLD COAST

Die Familie
Schütz als
Begrüssungs-
komitee in
Brisbane mit
einer Fotogra-
fin der loka-
len Presse.

WINDORAH – BRISBANE, AUSTRALIEN

Mittwoch, 2. November Wir verabschieden uns von Sandy und dem Wirt, und auf geht es in Richtung Brisbane. Der Wind treibt Sand über die Piste. Der Flug führt uns zurück in die Zivilisation. Die ewigen Eukalyptuswälder werden abgelöst von Obst- und Fruchtplantagen. Stephan ist mit dem Funk voll ausgelastet, immer mehr australische Radioamateure wollen mit dem flying guy sprechen. Schliesslich kommt Archerfield schnell in Sicht, und wir klemmen die Runde ab.

Unser Anflug nach Brisbane führt uns direkt in einen stark frequentierten Flughafen. Überall Flugzeuge, in der Luft, auf den Pisten und den Taxiways. Alles geht freundlich und bestimmt vor sich. Wir landen und werden von einem Empfangskomitee der Technischen Universität von Queensland empfangen, Prof. Michael Schuetz mit seiner Familie und seinen Mitarbeitern. Den Abend verbringen wir mit der Familie Schütz.

Nach der Ankunft auf dem Flugplatz Sydney Bankstown.

BRISBANE – SYDNEY, AUSTRALIEN

Donnerstag, 3. November Unsere letzte Etappe bis zur Halbzeit führt uns nach Sydney. Da der Flug nur drei Stunden dauert, lassen wir uns am Morgen Zeit. Wir starten gegen Mittag. Eine Route entlang der Küste ist leider nicht möglich, also fliegen wir Inland bis kurz vor Sydney. Dann steigen wir auf 600 Meter ab und fliegen entlang der Küste. In Sydney angekommen, dürfen wir über dem Hafen einige Runden drehen. Danach fliegen wir im Tiefflug entlang der Strände Bondi und Bronte in den Süden der Stadt. Dort liegt in Bankstown der Flughafen für die allgemeine Luftfahrt mit drei sehr aktiven parallelen Pisten. Dort erwartete uns das Ende des ersten Teils unserer Reise um die Welt.

Rückblickend hatten wir insgesamt unglaubliches Glück, vor allem mit dem Wetter. Es war eine wunderbare Erfahrung für Vater und Sohn, diese Reise gemeinsam durchzustehen und zu erleben. Wir freuen uns auf den Rückflug in 6 Monaten.

VON SYDNEY NACH ZÜRICH
19. JUNI – 23. JULI 2006

30 526 KILOMETER
4118 LITER BENZIN
13,5 L/100 KM EFFIZIENZ
101:32 FLUGSTUNDEN
301 KM/H DURCHSCHNITTSGESCHWINDIGKEIT

23 SYDNEY, AUSTRALIEN	30 HONGKONG, CHINA
24 MOUNT ISA, AUSTRALIEN	31 NAHA, JAPAN
25 DARWIN, AUSTRALIEN	32 NAGOYA, JAPAN
26 KUPANG, INDONESIEN	33 HAKODATE, JAPAN
27 BRUNEI, BRUNEI	34 ASAHIKAWA, JAPAN
28 KOTA KINABALU, MALAYSIA	35 PETROPAWLOWSK-KAMTSCHATSKI, RUS.
29 MANILA, PHILIPPINEN	36 NOME, ALASKA

37 HOMER, ALASKA	44 REYKJAVIK, ISLAND
38 JUNEAU, ALASKA	45 EDINBURGH, GB
39 VANCOUVER, KANADA	46 GLASGOW, GB
40 SASKATOON, KANADA	47 SOUTHEND, GB
41 CHURCHILL, KANADA	48 ZÜRICH, SCHWEIZ
42 KANGERLUSSUAQ, GRÖNLAND	
43 KULUSUK, GRÖNLAND	

MOUNT ISA

TOWNSVILLE

MACKAY

ROCKHAMPTON

BUNDABERG

SUNSHINE COAST

BRISBANE
TOOWOOMBA
GOLD COAST

COFFS HARBOUR

NEWCASTLE
CENTRAL COAST
SYDNEY
WOLLONGONG

Einbau des
250-Liter-Zu-
satztanks mit
Betankungs-
schlauch.

SYDNEY – MOUNT ISA – DARWIN, AUSTRALIEN

Dienstag, 20. Juni Nebel! In Sydney? Wie kann das sein? Aus unserem Abflug um 06:00 morgens wird nichts. Die Wetterprognose, die wir um 05:00 einholen, sieht zwischen 06:00 und 08:00 Nebel vor. Wir müssen unseren Abflug um zwei Stunden verschieben. Als wir um 07:00 am Flughafen in Bankstown ankommen, ist die Sicht gut, und der Nebel liegt in den nördlichen Vororten. Tony Pitt, der unseren Zusatztank eingebaut hat, ist bereits da, um uns zu verabschieden. Die meisten Dinge haben wir bereits am Vortag ins Flugzeug geladen. Aus den Erfahrungen des ersten Flugabschnitts haben wir gelernt und unser Gepäck optimiert. Die Ausrüstung und persönlichen Utensilien wurden um 100 Kilogramm reduziert.

Auf dem zweiten Teil unserer Reise rund um die Welt sind die Herausforderungen anders gelagert als beim ersten Teil. Die Hürden auf der ersten Etappe haben sich mehr auf Behörden und Kulturen konzentriert. Dieses Mal erwarten wir den Kampf mit den Elementen, dem Wetter und dem Meer. Wir haben die Überlebensausrüstung von Land auf Wasser umgestellt. Der Flug über die eisigen Gewässer des nördlichen Pazifiks und Atlantiks wird Stunden dauern. Da ist es essenziell, gegen Kälte geschützt zu sein. Besonders wichtig ist es, gegebenenfalls schnell von den Rettungsmannschaften gefunden zu werden. Vor einigen Wochen haben wir Ray Clamback getroffen. Er ist Spezialist im Überfliegen von Flugzeugen von Amerika nach Australien. Er musste bereits zweimal zwischen Los Angeles und Hawaii notwassern. Am Wochenende vor unserem Abflug hat es seine Mitarbeiterin erwischt. Sie musste mit einer zweimotorigen Maschine notlanden und wurde von einem Malteser Containerschiff aufgenommen. Auf Rays Anraten hin besorgten wir uns zwei EPIRBS-Notfunkgeräte, die wir auf uns tragen und im Notfall unsere Position Meter genau aussenden, Schutzanzüge, die uns bei einer Notwasserung trocken halten, und Einzelrettungsbote, die um den Körper getragen werden.

DARWIN

PINE CREEK

MATARANKA

CAPE CRAWFORD

MOUNT ISA

Die Überlebensanzüge und um die Hüften die persönlichen Rettungsboote, die sich im Notfall aufblasen lassen.

Nach unserem Start in Sydney-Bankstown steuern wir in Richtung Blue Mountains. Ihren Name haben die Berge von der Blaufärbung der Luft durch die Dämpfe der Eukalyptuswälder. Weiter geht es geradlinig nach Mount Isa. Das Wetter ist bedeckt, Nebel liegt über weiten Teilen der Blauen Berge.

Richtung Lithgow sehen wir ein grosses Kohlenkraftwerk am Horizont. Wie riesige Leuchttürme ragen die Wasserdampfsäulen aus den Kühltürmen in den Himmel. Das Kraftwerk selbst ist unter dem Nebel unsichtbar. Bald setzt sich die Sonne immer mehr durch. Nach wenigen hundert Kilometern sind nur noch vereinzelte Kumuluswolken zu sehen. Auch die Landschaft verändert sich. Die Blauen Berge machen einer Agrarlandschaft Platz. Felder und Wiesen wechseln sich mit Eukalyptuswäldern ab. Je weiter wir in den Nordwesten, ins Landesinnere kommen, desto seltener werden Bäume. Eine leicht gewellte Landschaft zieht unter uns durch. Vereinzelt tauchen einsame Höfe auf. Zwischen den Orten liegen Stunden. Wieder überrascht uns, wie grün Australien ist. Wir geniessen die beschaulichen Stunden über dieser wenig wechselnden Landschaft.

Heute werden wir zum ersten Mal auf unserer Reise zwei längere Flugstrecken an einem Tag unternehmen. Wir müssen die Verspätung, die durch den Einbau des Tanks entstand, auffangen. Wir fliegen also erst sechseinhalb Stunden nach Mount Isa in Queensland, und dann nochmal viereinhalb Stunden nach Darwin.

Kurz nach Mittag landen wir in Mount Isa, einem Bergwerksstädtchen, 1000 Kilometer von der nächst grösseren Stadt Brisbane entfernt. Ein verschlafener Flugplatz empfängt uns mit angenehmem Desinteresse. Wir tanken die Maschine voll, erfrischen uns und fahren in das Städtchen. Nach einer knappen Stunde Aufenthalts sind wir wieder in der Luft.

Westwärts nach Darwin der Sonne entgegen.

Der Flug nach Darwin führt uns fast direkt nach Westen. Die Sonne sinkt vor uns am Horizont. Sie scheint kurz zu verweilen und verschwindet dann in rotem Feuer. Das Feuer brennt jedoch auch nach dem Verschwinden der Sonne weiter. An verschiedenen Stellen werden Felder abgebrannt. Ihr Feuerschein ist weithin sichtbar. Eine sonderbare Stimmung entsteht durch den roten Himmel und die brennende Erde. Der Rauch zieht träge in den Himmel. Die Brände sind als geometrische Formen angelegt, manche rund, manche linienförmig. Fast erscheinen sie wie eine Landart Performance. Darwin erscheint am Horizont. Der Flugplatz empfängt uns mit voller Beleuchtung.

Die HB-DGL auf dem Flugplatz von Mount Isa.

150

FLIEGEN

Stephan startet in Davos, mit einem Unfall-Patienten.

Stephan: Infiziert von der Fliegerei war ich nach einer Segelflugwoche in Zermatt. Es muss kurz nach dem Krieg gewesen sein, als Segelflieger wie Kuhn und andere mit einem Gummiseilstart vom Riffelberg aus zu Höhenflügen starteten. 1952 dann hatte mein Bruder Georg mit dem Pionier der Gletscherfliegerei Hermann Geiger eine Besprechung. Ich begleitete ihn. Auf meine schüchterne Frage, wie das denn so sei mit dem Fliegen, antwortete Geiger: komm, wir probieren das aus. Kurz nach dem Start begann Geiger Zeitung zu lesen. So war ich plötzlich verantwortlich, einen Absturz zu verhindern.

Zu meiner grossen Überraschung hatte ich meinen ersten Alleinflug nach weniger als vier Stunden. Geiger gab ein kurzes Kommando: «Dreh die Trimmung um drei Umdrehungen nach hinten und gib Gas.» Und schon war ich in der Luft. Meine grösste Sorge war, ob ich die Piste wieder treffen würde. Ich traf sie, nur war meine Landung in einem Meter Höhe beendet. Der Rest war ein gebremster Aufschlag. Später sagte man mir, dass es Piloten gibt, die landen, und andere, die ankommen.

Bei meinem ersten Alleinflug in Zürich-Kloten, nach der Pilotenprüfung, hob ich mit einer Piper Cub von der Westpiste ab. Funk hatte ich keinen an Bord. Kurz nach dem Start war ich zwischen weissem Boden und weissen Wolken. Ich fand schliesslich den Üetliberg und machte einen Anflug auf den nahe gelegenen Flugplatz. Kurz vor der Landung bemerkte ich den Fehler: es war der Militärflugplatz von Dübendorf. Durchstarten, wo zum Teufel ist jedoch Kloten? Ich fand es doch noch heraus. An der Piste stand der Wagen des Fluglotsen, der über Lichtsignale den Flugverkehr regelte. Das waren noch Zustände auf dem internationalen Flughafen von Zürich. Damals konnten wir mit dem eigenen Wagen über das Vorfeld zum kleinen Turm in der Mitte des Flughafens fahren.

Dann kamen meine ersten Flüge vom Flugplatz Bad Ragaz aus. Es standen zwei Maschinen zur Verfügung: eine klapperige Metasokol und eine englische Chipmunk. Ich entschied mich für die zweite. Die Umschulung mit dem Be-sitzer der Maschine erfolgte nach einem Passagierflug. Kurz nach dem Start kam ein eindringlicher Kommentar von hinten: «Alles genau so machen, wie ich es sage.» Ja sicher doch, was denn sonst, dachte ich. Anweisungen wie: «Geschwindigkeit genau einhalten, nicht zu steil kurven» irritierten, aber beunruhigten mich nicht weiter. Kaum am Boden spurtet Herr Borner in den Hangar und kommt mit dem Steuerknüppel zurück. Er hatte ihn für den Passagierflug ausgebaut und das Fehlen erst nach dem Abheben bemerkt.

In der gleichen Maschine erlebte ich einen völligen Ausfall des Motors. Als ich mit stehendem Propeller in Sitten aufsetzte, kam Geiger zu mir und fragte: «Warst du hoch oben und hast einen langen Sinkflug ohne Gas gemacht?» Ich bejahte. Was ich hätte wissen sollen, ist, dass die Chipmunk hängende Zylinder hat und sehr empfindlich auf Leerlauf und kalte Zylinder reagiert. Die unten liegenden Kerzen veröllen, woraufhin der Motor aussetzt.

An einen weiteren Motorversager kam ich gerade noch vorbei. In einem Pilatus Porter, mit dem ich für die Schweizer Rettungsflugwacht einen Patienten nach Zürich flog, bemängelte ich, dass beim Auslaufen der abgestellten Turbine ein Geräusch auftrat, als wenn Metall auf Metall reibt. Ich entschied mich, nach diesem Nachtflug bei schlechtem Wetter, den Patienten abzuliefern und die Maschine stehen zu lassen. Der Werkspilot, der die Maschine zur Kontrolle flog, berichtete mir nachher, dass der Propeller nach der Landung, kurz nachdem er seinem Mechaniker zugerufen hat, «es war kein Problem festzustellen», plötzlich blockierte. Damit hatte ich wohl statistisch gesehen mit Motorenproblemen mein Soll erreicht.

Geiger hatte mich überzeugt, dass bei entsprechender Vorbereitung und Vorsicht dem Flugzeug fast keine Grenzen gesetzt sind. Er hatte die Rettung ver-

Hermann Geiger, 1914–1966,
Stephans Fluglehrer in Sitten.

letzter Bergsteiger durch die routinemässige Landung auf Gletschern möglich gemacht. Er hatte lange die Technik der Dohlen und Krähen beobachtet und sie schliesslich mit seinem Piper Supercub imitiert. Unzählige verletzte Bergsteiger hatte er mit dieser kleinen Maschine gerettet. 1965 dann der Schock durch die Nachricht von seinem Tod durch einen Zusammenstoss zwischen einem landenden Segelflugzeug und Geigers startender Piper Cub HB OAV, auf dem Geiger mir das Fliegen beigebracht hat.

Später kam für mich die Periode des Helikopterfliegens. Mein Bruder Beat, Apotheker in Zermatt, fragte mich eines Tages überraschend, ob ich bereit wäre, mit ihm einen Helikopter für die Gebirgsrettung und Transporte in Zermatt zu kaufen. Ich sagte, dass ich zwar keine Ahnung von Helikoptern hätte, aber interessiert wäre, es auszuprobieren. Die Ausbildung bei Werner Eichenberger, der auf der Übung von Notlagen beharrte, schloss ich mit dem Berufspilotenausweis ab. Vor etwa 10 Jahren entschied ich mich aber, dieses Hobby zu verlassen.

Nicolas: Mein erstes Mal war in einer Messerschmitt-Bölkow-Blohm Monsun. Ich sass auf einem Pilotenkoffer, weil ich sonst nicht über das Armaturenbrett hätte sehen können. Ich war ja nur ein Dreikäsehoch. Von da an wusste ich, dass ich selber fliegen will.

Mit 18 begann ich mit meiner fliegerischen Grundausbildung. Nach drei Stunden stieg mein Fluglehrer mit den Worten «Ich muss dringend telefonieren» aus. Den Soloflug genoss ich sehr, niemand redete mir rein. Danach wollte mich mein Fluglehrer gleich in die nächste Klasse Flugzeug setzen. Ich aber wollte nach alter Schule fliegen lernen. Im Hangar stand noch eine Piper

L4 aus den 40er-Jahren. Ein tuchbespannter Hochdecker mit Spornrad ohne Elektrostarter. Die Maschine musste vor jedem Flug angeworfen werden.

Anfang der 90er-Jahre lebte ich in San Francisco und absolvierte dort die Instrumentenflugausbildung. Mein Fluglehrer war ein Schwede, der aber in der Schweiz aufgewachsen ist. Er zeigte mir alle wichtigen Flugmanöver und Notfallverfahren. Bei einem Instrumentenanflug auf den Flugplatz von Sacramento löste er meine Sitzverriegelung, sodass ich nach hinten rutschte. Er nannte das Seatfailure! Ich rächte mich später, als er kurz die Gurte löste, mit einem Parabelflug und nannte es Gravitationfailure.

Mit Stephan versuche ich mindestens ein Mal im Jahr eine Flugreise zu unternehmen. Das Ziel wird von der Grosswetterlage bestimmt. Viele Male reisten wir nach Norwegen und versuchten das Nordkap zu erreichen. Bisher ist es uns nie gelungen. Meist machte das Wetter in Honningsvag eine Landung unmöglich. Das Tolle an diesen Reisen ist, dass wir zu Beginn nie wissen, wo uns das Wetter hintreibt. Mal landeten wir auf den Lofoten, mal haben wir in niedriger Höhe Stromboli umflogen.

Stephan und ich haben beim Fliegen etwas anders gelagerte Interessen. Er sucht die technische Herausforderung, will die neusten Navigationstechnologien meistern, möglichst auf direktem Weg. Ich dagegen bin gefesselt von der Aussicht und den drei Dimensionen, in denen sich das Flugzeug bewegt. Wolken sind Slalomstangen, die es zu umfliegen gilt. Auf einem Flug von Neapel nach Bologna hatten wir eine lange Diskussion über die ideale Flughöhe. Stephan fühlte sich in der Höhe wohl, da er der Wärme und den Turbulenzen entfliehen wollte. Ich wollte tiefer, weil ich die Landschaft geniessen wollte. Als wir kurz vor Bologna endlich tiefer flogen, wurde es tatsächlich sehr warm im Cockpit. Stephan sah sich bestätigt. Einige Zeit später gestand er mir aber, dass wir vergessen hatten, die Heizung auszuschalten.

Laras erstes Mal war in einer Mooney. Sie sass auf einer Plastikkiste...

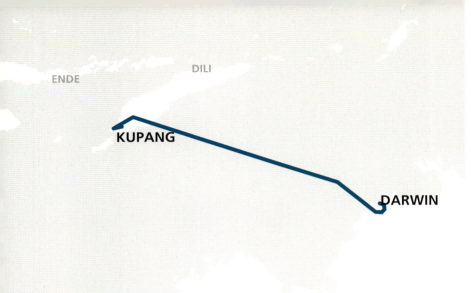

ENDE

DILI

KUPANG

DARWIN

Beim Auftanken in Kupang, Westtimor.

DARWIN – KUPANG – BRUNEI

Mittwoch, 21. Juni Der heutige Flug führt uns über Kupang auf Westtimor nach Brunei. Wir sind auf die heutigen Destinationen sehr gespannt. Wie sieht ein Land aus, in dem vor wenigen Jahren Krieg herrschte? Wie sieht der Dschungel von Borneo aus, in dem die Tiger hausen? Was ist mit der sagenumwobenen Insel Sulawesi? Und wie sieht das Königreich von Saba aus? Fragen, die heute und morgen beantwortet werden. Der Tag bricht mit unserer Ankunft auf dem Flughafen an. Keine Wolke ist zu sehen. Der Wetterbericht sieht auf dem zweiten Teil unserer heutigen Etappe lokale Gewitter vor. Wir verlassen Darwin Richtung Nordwesten. Das letzte Fleckchen Erde für die kommenden drei Stunden bleibt hinter uns, und vor uns liegt der Ozean. Unsere neuen Rettungsboote tragen sich gut. Wir haben aus den USA eine neue Art Schwimmwesten erhalten. Es ist ein Paket von 5 cm Stärke, und man trägt es wie einen Rucksack oberhalb der Hüfte. Bei Bedarf bläst es sich um uns herum zu einem kleinen Einmann-Rettungsboot auf. So vermeidet man das Schwimmen und Einsteigen im kalten Wasser und ist vor Unterkühlung und hoffentlich auch Haiattacken geschützt. Eine gute Sache, gerade weil wir noch grössere Strecken über kalte Weltmeere fliegen werden. Wir steigen auf eine Höhe von 2500 Meter. Wie bereits auf dem Satellitenbild erkennbar, sehen wir in der Ferne die ersten Wolken. Bald erreichen wir die Insel Timor und fliegen entlang der südlichen Küstenlinie Richtung Westspitze der Insel. Die Insel ist bewaldet, flaches Buschwerk und Baumgruppen

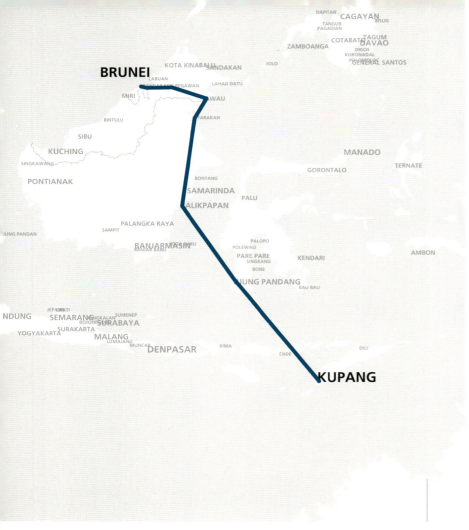

BRUNEI

KUPANG

Mit Meidin, unserem Ground-Handling-Agenten für Brunei, und seinem Assistenten.

im Wechsel. In den Wintermonaten bläst ein kräftiger Südwestwind. Der Flugplatz von Kupang ist für seine gefährlichen Abwinde während dieser Zeit gefürchtet. Stephan bringt die Maschine schneller als gewöhnlich in den Endanflug. Wir werden ordentlich durchgeschüttelt. In Bodennähe wird es plötzlich ganz ruhig, und fast nicht bemerkbar berühren wir den Boden. Eine ausgesprochen freundliche Bodenmannschaft empfängt uns. Das Benzin ist bereits vor Ort, und wir beginnen mit dem Auftanken. Wie so oft in Entwicklungsländern wird der Sprit in Fässern geliefert. Hier kommt nun der von Stephan und Tony Pitt gebaute Benzinfilter zum Einsatz. Nach dem kurzen Aufenthalt auf der Insel Timor geht es weiter über Flores und Sulawesi nach Borneo. Hier begegnen wir den angekündigten Gewittern. Wir fliegen durch pittoreske Wolkenfelder. Auf der Leeseite ergiessen sich aus den obersten Etagen massive Regengüsse. Die Sonne neigt sich gegen den Horizont, und die flachen Strahlen erzeugen in den uns östlich liegenden Wolken fantastische Regenbogen. Welch ein Schauspiel!

Unter uns liegt der Dschungel Borneos. Von Regenbogen begleitet nähern wir uns Brunei, ein Königreich aus 1001 Nacht. Wir müssen ein Gewitter umfliegen, das zwischen uns und Brunei in den Bergen von Borneo liegt. Wir erreichen Brunei kurz vor Sonnenuntergang. Das kleine Königreich erinnert an das Fürstentum Liechtenstein. Die Stadt wächst unstrukturiert. Im Kleinen ist alles sehr aufgeräumt, aber das grosse Bild fehlt. Die Stadt ist ein wildes

Kampung
Ayer ist das
Zuhause
für 30 000
Menschen.

Durcheinander. Nur die Natur scheint alt, die Stadt selbst scheint in den letzten 10 Jahren entstanden zu sein. Ein anfliegender Jet wird vor dem Überflug des Königspalasts gewarnt. Wo ist der Palast? Wie können wir sicher sein, dass wir nicht darüber fliegen? Wir denken an einen Fliegerkollegen, der den Überflug über den Thailändischen Königspalast mit der Festnahme auf dem nächsten Flugplatz bezahlt hat. Und nur dank der Intervention von verschiedenen angesehenen Stellen einer Haftstrafe entging. Die Flugleitzentrale scheint unsere Gedanken zu lesen und führt uns in einem weiten Bogen über dem Meer zur Piste. Von Weitem sehen wir den Königspalast. In Borneo empfängt uns Meidin. Er ist Teil unserer Bodenmannschaft. Der Flughafen von Brunei scheint ein Relikt der 80er-Jahre zu sein. Viel Blechverkleidung und weisse Fliesen mit schwarzen Fugen. Zurückhaltende Freundlichkeit prägt die Stimmung. Meidin führt uns durch die Stadt hin zu jenem Teil, der als das Venedig Asiens bezeichnet wird. Es ist ein Wohnquartier auf der anderen Seite des Flusses, das komplett auf Pfählen gebaut ist. Die Menschen leben buchstäblich auf dem Fluss. Ein romantisches Bild.

MANILA

LOS BAÑOS
LUCENA

NAGA
IRIGA
LEGASPI

CALBAYOG

ROXAS
TACLOBAN

ILOILO BACOLOD
LAPU-CEBU

PUERTO PRINCESA

BAIS
SANTA CATALIN DUMAGUETE

CAGAYAN
MARAWI

COTABATO
ZAMBOANGA
DIGOS
KORONADAL
POLOMOLOC
JOLO GENERAL SANTO

KOTA KINABALU

BRUNEI
LABUAN
BANDAR SERI BEGAWAN
MIRI LAHAD DATU
TAWAU

Bei der Betan-
kung in Kota
Kinabalu.

BRUNEI – KOTA KINABALU – MANILA, PHILIPPINEN

Donnerstag, 22. Juni Als wir am Morgen die gleiche Stelle besuchen, ist ein grosses Tohuwabohu im Gange. Kleine, stark moto-
risierte Holzboote bringen die Menschen über den Fluss. Die Boote
sind bunt bemalt, tragen Embleme oder Namen wie «Ferarri», Su-
perman oder Intifada. Ein herrliches Treiben. Innerhalb weniger
Minuten sind die Fahrer mal hier, mal da. Meidin führt uns noch
zu einem traditionellen Frühstücksrestaurant. Das Restaurant ist
eine kahle Halle, in der hervorragender Kaffee serviert wird. Dazu
geniessen wir süsse und salzige Brötchen. Bald müssen wir aufbre-
chen, weil wir noch während des Vormittags in Manila ankommen
wollen. Um 08:00 sind wir am Flughafen, nach einer viertel Stunde sind wir am Flugzeug und lassen den Motor an. Kurz darauf,
nach den notwendigen Systemprüfungen, sind wir in der Luft.
Heute fliegen wir erst nach Malaysia, Kota Kinabalu, das ehemalige
Königreich von Saba, dann weiter nach Manila. In Kota Kinabalu
müssen wir auftanken, da wir in Brunei kein Flugbenzin erhalten
haben. Wir landen nach 30 Minuten Flug. Das Benzin ist noch nicht
am Flugplatz. Es musste erst drei Tage von einem anderen Flugplatz durch Brunei gekarrt werden. Nach einer halben Stunde ist
das Benzin da. So hatten wir Zeit, einen Kaffee zu trinken und uns
frisch zu machen. Wir füllen die Tanks und fliegen wieder los. Der
Immigrationsbeamte wollte nur wissen, wie lange wir zu bleiben
vorhätten, «15 Minuten», da hat er uns einfach durchgewinkt. So
einfach kann das sein, ausnahmsweise.

Mit diesem
Lastwagen
wurde das
Benzinfass
nach Kota
Kinabalu
gebracht.

Wir starten. Vor uns liegen die philippinischen Inseln. Eine nach
der anderen überfliegen wir, von Süd nach Nord. Es ist eine fruchtbare, sehr einsame Gegend. Nur wenige Dörfer zieren die Inseln. In
der Nähe von Manila wird der Smog dichter. Wir landen auf dem
internationalen Flughafen. Es herrscht hektische Betriebsamkeit.
Sammy empfängt uns, die Lieblingsphrase dieses kleinen Philippi-
nos ist «no problem», und es ist tatsächlich no problem! Wir steigen
neben dem Flugzeug in einen Bus, der uns ohne Formalitäten zu
unserem Hotel fährt. Ein unbeschreiblicher Diplomaten-Service.
Wir kommen uns vor wie Staatspräsidenten. Vom Hotel aus nimmt
Nicolas ein Taxi nach Intramuros, dem alten Stadtteil von Manila.
Er spaziert für mehrere Stunden durch die Stadt. Im spanisch geprägten Teil sind viele Häuser in verwahrlostem Zustand, einige
zeigen sogar Brandspuren. Im Einwanderungsministerium ist ein
gesamtes Stockwerk ausgebrannt, während in den Geschossen darüber und darunter noch gearbeitet wird. Im Unterschied zu Brunei sind hier sehr viele Menschen unterwegs. Es herrscht eine entspannte, ausgelassene Stimmung.

Das Begrüs-
sungskomi-
tee in Manila.

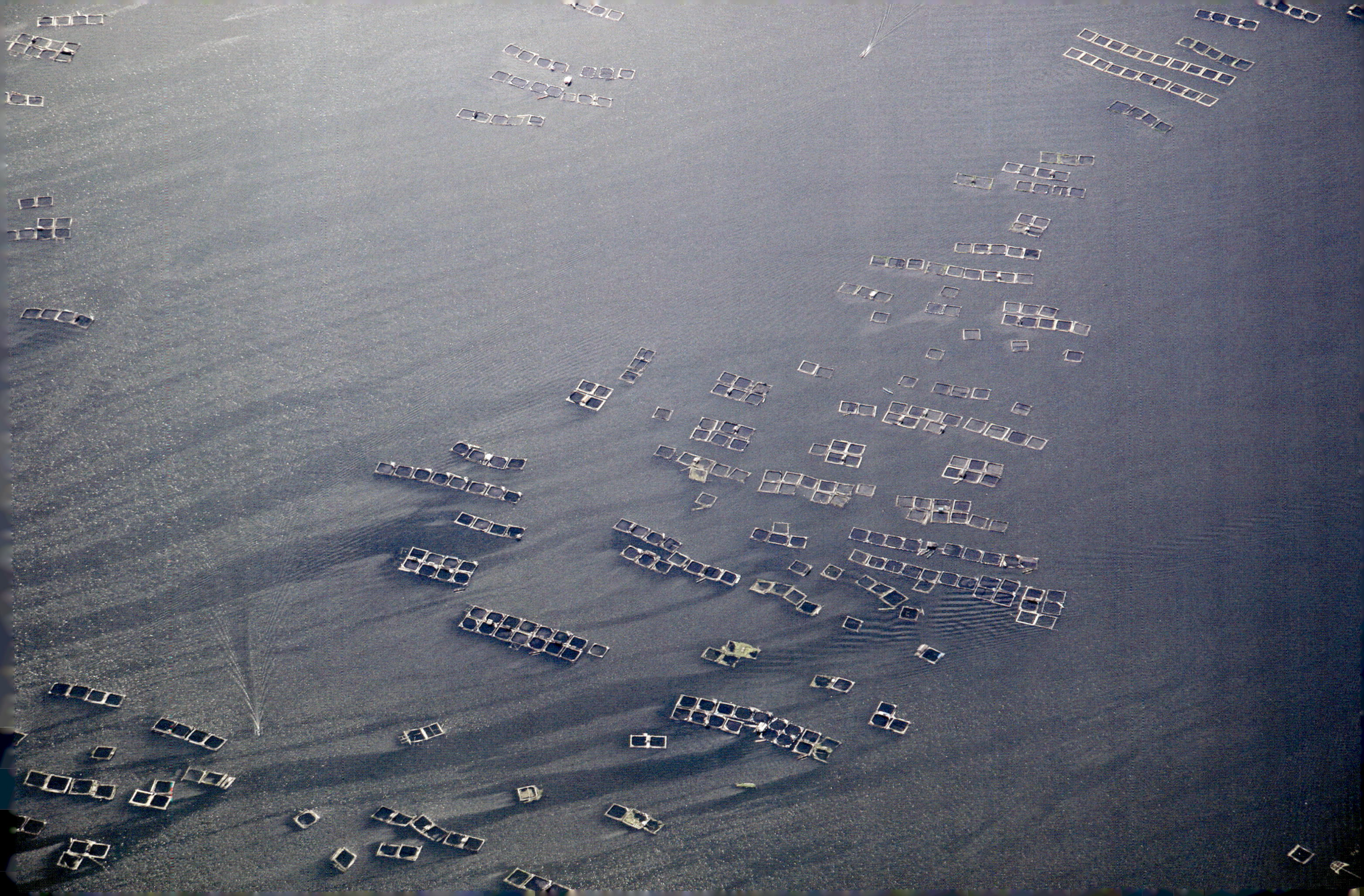

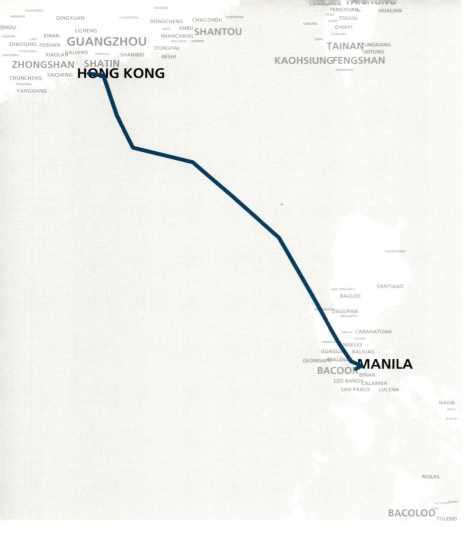

MANILA – HONGKONG, CHINA

Freitag, 23. Juni Am Morgen werden wir von Sammy pünktlich 06:15 abgeholt. Wir fahren wieder direkt zum Flugzeug. Zollkontrollen, Sicherheitskontrollen oder Immigration sind kein grosses Thema. Am Einfahrtspunkt zeigen wir unsere selbst gemachten Crew Member Certificates, und der VW-Bus wird durchgewinkt. Der Tankwagen wartet bereits am Flugzeug. Wir sind begeistert. Es ist alles diszipliniert organisiert. Die Philippinen machen auf uns einen weit entwickelten Eindruck. Wir lassen die Maschine an und starten gen Hongkong. Wir umfliegen die Stadt in einem grossen Bogen und gehen auf Nordkurs. Die Maschine steigt mit 500 Fuss pro Minute. Nach 22 Minuten erreichen wir unsere Reiseflughöhe von 3350 Meter.

Heute werden wir 5 Stunden benötigen, die Südchinesische See zu überqueren. So lange wie auf dieser Strecke haben wir noch nie Wasser überflogen. Die anfängliche Nervosität Wasserstrecken gegenüber hat sich gelegt. Das Vertrauen in die Maschine ist gewachsen. Wir versuchen uns mit statistischen Werten Zuversicht einzureden. Wieso sollte der Motor nach so vielen Stunden zuverlässigen Betriebs gerade hier den Dienst verweigern? Es ist jedoch Murphys Gesetz, dass alles, was falsch gehen kann, falsch gehen wird, und das meist im dümmsten Moment. Es bleibt also ein unbehagliches Gefühl. Nach einer halben Stunde Flug lassen wir die philippinischen Inseln hinter uns, und vor uns liegt das weite Meer. Es ist unglaublich befahren: Containerschiffe, Tanker, Lastkähne, es vergehen kaum zehn Minuten, in denen wir nicht ein Schiff sehen. Das Wetter ist leicht bewölkt. Wir fliegen jedoch über der Bewölkung, die im Verlauf des Fluges immer höher steigt. Nicolas hat in den letzten 3 Wochen die Satellitenfilme dieser Gegend beobachtet. Hongkong lag immer unter einer dicken Wolkenschicht verborgen. Erst vor ein paar Tagen hat sich die Bewölkung gelichtet und einem

grossflächigen Hochdruckgebiet Platz gemacht. Das Wetter hat einen grossen Einfluss auf unsere Planung. Wir müssen immer einen Notfallplan bereit haben, um sicher zu gehen, dass wir sicher die Maschine auf den Boden bringen.

Land! Die erste Insel taucht aus dem Dunst auf. Bald ist auch die Insel von Hongkong am Horizont sichtbar. Unser Landeanflug bringt uns mitten über die Stadt. Die entspannte träumerische Stimmung des Reiseflugs schlägt in emsige Betriebsamkeit um. Die Checks werden erledigt, und die Maschine zur Landung vorbereitet. Die Luftaufsicht wünscht einen Hochgeschwindigkeitsanflug. Die Grossstadtszenerie, die sich unter uns auftut, schreit nach Aufmerksamkeit. Nicolas schiesst Foto auf Foto, dazwischen ist der Endanflug mit Stephan abzustimmen. Wir werden mittels Radarvektoren auf die Piste aufliniert. Wir fliegen nun zwischen einer A340 der Cathay Pacific und einer Frachtmaschine der DHL vom Typ Boeing 747. Noch schnell ein letztes Bild der Piste im Endanflug und dann volle Konzentration auf die Landung. Nach der Landung machen wir schnell die Piste frei, damit das nächste Flugzeug landen kann.

Im Reiseflug fliegen wir normalerweise mit einer Geschwindigkeit von 160 Knoten, etwa 300 Kilometer pro Stunde. Ein Airliner fliegt mit etwa 460 Knoten. Unsere Startgeschwindigkeit beträgt 80 Knoten, etwa 150 Kilometer pro Stunde. Nach dem Starten beschleunigen wir auf 115 Knoten, 210 km/h für den Steigflug, beim Landeanflug fliegt man mit der Mooney meist mit etwa 100 Knoten, 185 km/h, und die Landung erfolgt je nach Gewicht bei 70 bis 85 Knoten. Bei einem Airliner liegen die Geschwindigkeiten bei Start und Landung deutlich höher. Wenn wir also verkehrsreiche Flugplätze ansteuern, würden wir immer ein Verkehrshindernis darstellen. Wir fliegen deshalb meist mit 150 Knoten, etwa 275 km/h schnell, an, bremsen wenig vor der Piste ab und belegen auch die

Piste immer nur kurz, um den Verkehr möglichst wenig zu stören. Auf jedem Streckenabschnitt starten wir mit höherem Abfluggewicht und tasten uns so an die Grenzen des Flugzeugs heran. Wir müssen sicher sein, dass sich das Flugzeug auch bei voller Last, wie sie zwischen Japan und Alaska nötig ist, noch gut fliegen lässt.

Die Ankunft in Hongkong muss in einem exakten Zeitfenster erfolgen. Unser Zeitfenster ist 12:30 Lokalzeit. Exakt 12:29 berühren wir den Boden. So pünktlich waren wir auf der ganzen Reise noch nie! Nach der Landung schalten wir auf die Bodenfrequenz um und fragen nach Rollinstruktionen. Ein unverständliches Englisch sprechender Luftaufsichtsbeamter weist uns in das Business Center. Ich verstehe ihn wirklich kaum und bitte ihn, den Satz zu wiederholen. Er meint nur: Ist es richtig, dass sie absolut keine Ahnung haben, wo sich das Business Center befindet? «Confirm». Wir fühlen uns herzlich willkommen. Die Situation wird von einem gross mit Hongkong Business Aviation Centre angeschriebenen Gebäude gelöst. Dort geht es freundlicher zu. Das Flugzeug wird entladen. Die Temperatur ist mörderisch. Es ist heiss und feucht. Nach Zoll und Einwanderungsformalitäten fahren wir mit einem Taxi in die Stadt.

Der Flughafenabschnitt für die allgemeine Luftfahrt in Hongkong.

Wir besuchen Prof. S. P. Chow in der Klinik der University of Hong Kong am Queen Mary Hospital. Stephan war hier vor 10 Jahren als Gastprofessor. Die Klinik stellt ihre aktuellen Forschungsfelder vor, und Stephan hält einen Vortrag über Osteoporose. Danach fahren wir nach Causeway Bay, um uns mit einem Gremium von lokalen Orthopäden zu treffen. Stephan hält einen Vortrag zur Knochenbruchbehandlung im osteoporotischen Knochen, Nicolas berichtet von den Abenteuern des bisherigen Fluges und zeigt den weiteren Verlauf der Reise. Nach intensiven Diskussionen zur Osteoporose beschliessen wir den Tag mit einem mehrgängigen chinesischen Festmahl.

HONGKONG

Samstag, 24. Juni Heute steht der Besuch der chinesischen Universitätsklinik und Labor auf dem Programm. Prof. Qin Ling, ehemals Mitarbeiter in Davos, führt uns durch die Laboratorien. Die Aktivitäten der Gruppe in Forschung und Schulung werden vorgestellt und besprochen. Es ist für Stephan immer wieder erfreulich zu sehen, wie sich diese jungen Gruppen entwickeln. Dann bleiben uns wenige Stunden, Hongkong zu erleben.

Sonntag, 25. Juni Wir beschliessen, uns ein Dim-Sum-(«kleine Herzwärmer»)-Frühstück zu gönnen. Das Restaurant im Rathaus von Hongkong ist berühmt dafür. Wir nehmen die Fähre und gelangen nach kurzer Suche in das Restaurant, das gerade seine Türen geöffnet hat. Wir bekommen sogar einen Tisch mit wunderbarer Aussicht nach Kowloon. Die Dim Sum sind kleine, wunderbar anzuschauende Teigtaschen mit verschiedenen Inhalten wie Meeresfrüchte, Gemüse oder Fleisch. Überall in dem grossen Saal fährt Servierpersonal mit kleinen Wagen herum und bietet verschiedene Dim-Sum-Arten feil. Es ist grossartig. Wir lassen es uns gut gehen und die Szenerie auf uns wirken.

Nach dem Frühstück trennen wir uns, Nicolas kümmert sich um das Beladen des Flugzeugs und will Hongkong Island weiter erkunden, Stephan muss an seinen Vorträgen für Japan arbeiten.

Am Abend essen wir mit Prof. Qin Ling, einem Kollegen von Stephan, und seiner Frau, die später mit einer Kollegin dazukommt. Wieder erleben wir ein vielgängiges Festessen. Sha kommt gerade aus Süd-China und hat Lychees mitgebracht. Wir bekommen sie zum Dessert auf Eis serviert. Die Lychees haben ganz kleine Kerne, und deren Fleisch ist süss und saftig.

Hongkongs Baugerüste werden auch heute noch aus Bambus hergestellt, dies auch bei Hochhäusern.

Flugzeug: Unser Flugzeug, die Mooney 231, ist ein in Texas gebautes Sportflugzeug, das auf Geschwindigkeit und Wirtschaftlichkeit optimiert ist. Es ist als Tiefdecker mit einziehbarem Fahrwerk und Verstellpropeller ausgelegt. Vorteilhaft ist die effiziente Reiseleistung. Durchschnittlich haben wir auf unserer Reise bei einer Geschwindigkeit von 300 km/h nur 14 Liter auf 100 Kilometer verbraucht. Erkauft werden diese Vorteile durch eine relativ schmale Kabine und anspruchsvolle Flugeigenschaften. Der Motor, ein Sechs-Zylinder-Boxermotor leistet 210 PS und ist ab Fabrik mit einem Turbolader ausgerüstet. Damit ist die Mooney in der Lage, über dem Wetter zu fliegen. Durch den nachträglichen Einbau eines Ladeluftkühlers sowie eines variablen Ventils, das bei höherem Bedarf mehr Auspuffgas durch die Turbine des Turboladers leitet, konnte die maximale Reiseflughöhe auf über 8000 Meter angehoben werden. Der Zweiblatt-Propeller ist elektrisch beheizbar. Damit kann der Pilot bei unerwarteter Eisbildung durch einen Steigflug eisfreie kältere Luft erreichen. Die Optimierung der Flugleistungen hat dazu geführt, dass die Mooney weniger Luftwiderstand aufweist, was aber bei kurzen Landebahnen mit steilem Endanflug nachteilig sein kann. Zusätzlich eingebaute Luftbremsen kompensieren diese Eigenschaft. Die Instrumente zur Motorüberwachung, Öldruck, Öltemperatur, Ladedruck und Propellerdrehzahl haben wir durch ein Gerät ergänzt, das erlaubt, von jedem Zylinder die Temperatur des Zylinderkopfs und der Auspuffgase zu messen. Beim Flugzeugmotor wird das Benzin-Luft-Gemisch von Hand an die Flughöhe und die Motorenleistung angepasst. Bei Start und Steigflug ist das Gemisch reich, d. h. es enthält mehr Benzin als nötig. Dies dient der Kühlung des Motors bei hoher Leistung. Im Reiseflug wird dann das Gemisch so lange verarmt, bis das Benzin-Luft-Gemisch optimal eingestellt ist. Der Vorteil des zusätzlichen Instruments ist, dass kleine, sonst unbemerkte Anzeichen möglichen Motorversagens frühzeitig festgestellt werden können. Die kritischen Geräte für Höhe, Position und Fluglage sind doppelt ausgeführt. Ausserdem haben wir kritische Geräte wie Vakuumpumpe und Generator durch zusätzliche Einrichtungen gesichert. Der Transponder, das Gerät, das einen Radarimpuls des Bodens mit verschiedenen Flugdaten beantwortet, entspricht dem neuesten Standard Mode-S. Die beiden Garmin-430-Satellitenempfänger dienen der Satelliten-Navigation, der konventionellen Radio-Navigation und der Kommunikation mit der Luftverkehrskontrolle. Bei diesen Geräten wird die Position des Flugzeuges auf Karten dargestellt. Gerade bei schwierigen Landungen bei schlechtem Wetter erleichtert die Kartendarstellung die Arbeit des Piloten wesentlich. Die verschiedenen Geräte sind durch einen Flugdaten-Computer verbunden, der uns eine ständige Überwachung der verbleibenden Reichweite und eine Optimierung des Flugzustands erlaubt. Diese Instrumentierung hat die Sicherheit des Flugs wesentlich erhöht. Sie hat aber auch viel zur Unterhaltung bei den langen Flügen beigetragen: es war immer etwas zu tun. Den Inhalt der Flügeltanks erhöhten wir durch ein Monroy Kit von 285 auf 400 Liter. Für den Flug von Japan über Russland nach Alaska musste die maximale Reichweite auf 4500 km erhöht werden. Dies war notwendig, weil die Russen sich weigerten, uns mit Flugbenzin zu versorgen und auch keinen Benzintransport erlaubten. Hierfür wurde in der Kabine ein flexibler Tank von Turtle Pak eingebaut. Dieser wurde in Australien zertifiziert und durch einen Experten der Luftfahrtbehörde abgenommen. Um die Reichweite weiter zu optimieren, wurden für den Flug auch die Einspritzdüsen ausgetauscht. Die Standarddüsen sind alle gleich und versorgen jeden Zylinder mit einer unterschiedlichen Menge Benzin. Die neuen Düsen der Firma Gami wurden auf den Motor individuell abgestimmt. Damit war das Gemisch aller Zylinder gleich. Für die Flüge in grosser Höhe war ausserdem der Einbau einer Feineinstellung der Motorenkühlluft unabdingbar.

Sauerstoffanlage: Für unseren Flug um die Welt spielte der Sauerstoff für die Piloten eine zentrale Rolle. Flüge in Höhen bis knapp 8000 m ü. M. bedingten eine Sauerstoffanlage im Flugzeug. Diese muss sehr sparsam eingesetzt werden, da nur selten die Möglichkeit besteht, den Sauerstoff wieder aufzufüllen. Hierfür verwendeten wir spezielle Kanülen der Firma Aerox und ein Blutsättigungsmessgerät der Firma Nonin Flightstat. Diese Kombination erlaubte uns, die Sauerstoffsättigung im Blut individuell einzustellen.

Notfallausrüstung: Alle Flugzeuge sind mit Notfallsendern ausgerüstet, die ein Funk-Notsignal aussenden. Dieses wird auf einer Frequenz von 121.5 MHz ausgesendet. Das Signal wird von Satelliten aufgenommen und alarmiert innerhalb von ein bis zwei Stunden die Rettung. Diese Standard-Notsender übertragen jedoch keine Positionsdaten. Die Position wird aus der Zeitdifferenz des Signals zu verschiedenen Satelliten berechnet, was aber oft sehr ungenau ist. Wir hatten sogenannte EPIRB-Geräte an Bord. Diese senden auf 406 MHz und sind mit GPS-Empfängern ausgerüstet, die sofort und genau die Position an die Satelliten übermitteln. Zur Notfallausrüstung gehörten auch Verbandsmaterial, Medikamente, Desinfektionsmittel etc. Für den Rückflug über die Beringsee und den Atlantik im Norden besorgten wir uns individuelle Rettungsinseln, die wir auf uns trugen. Im Notfall entfalten sie sich um den Piloten herum, und ein langwieriges Einsteigen erübrigt sich. Die Wassertemperaturen in der Beringstrasse und im Nordatlantik liegen auch im Sommer nur wenige Grad über den Gefrierpunkt. Um in diesem Wasser mehr als nur ein paar Minuten zu überleben und auf Hilfe zu warten, trugen wir Spezialanzüge, die uns trocken halten sollen. Mit den Spezialanzügen und den Rettungsbooten am Rücken war die Beweglichkeit in der engen Kabine jedoch ziemlich eingeschränkt. Während der Steigflüge dehnte

sich die im Anzug verbleibende Luft so aus, dass wir auf Reiseflughöhe wie Michelin-Männchen aussahen und die Luft ablassen mussten. Für einen längeren Aufenthalt im Wasser war die Möglichkeit, aus Meerwasser Trinkwasser herzustellen, unabdingbar. Ein Katadyn-Gerät mit «reverse osmosis» war für diesen Fall an Bord. Für den Fall der Fälle einer Notlandung zu Wasser oder auf dem Land hatten wir die überlebenswichtige Notfallausrüstung am Manne. Weitere Notfallausrüstung hatten wir in einen wasserdichten schwimmenden Notfallsack gepackt, der als Erstes das Flugzeug verlassen hätte.

Uniformen: Aus Diskussionsforen im Internet hatten wir gelernt, dass es in einigen Ländern ratsam ist, Uniformen zu tragen, da man damit erst von den Flughafenbehörden ernst genommen wird. Also haben wir uns Uniformhemden gekauft und unsere Namen sowie das Logo von «Spirit of Davos» einsticken lassen. Zusätzlich haben wir uns Epauletten gekauft. Jeweils vier Streifen als Insignien des Kapitäns. Dies führte jedoch, wie wir bald merkten, zu Verunsicherungen beim Bodenpersonal, also haben wir uns im Rang immer wieder abgewechselt. Um das Bild zu komplettieren, haben wir uns Identifikationsmarken gemacht. Überraschenderweise kamen wir mit dieser Verkleidung praktisch überall durch die Kontrollen.

HONGKONG – NAHA, JAPAN

Montag, 26. Juni Qin fährt uns um 07:00 zum Flugplatz. Wir müssen um 08:00 in der Luft sein. Wir nehmen Abschied von dieser grossartigen Stadt. Die Formalitäten gehen reibungslos. Pünktlich um 07:45 lassen wir den Motor an und rollen für die Checks vor dem Start in die Pistennähe. Wir wollen nach Sichtflugregeln starten und erst nach einer Weile höher steigen, um die Aussicht zu geniessen. Wir erhalten eine Abflugprozedur, die uns mitten über die Stadt führt. Es herrscht überraschend wenig Verkehr auf dem Flughafen. Wir rollen auf die Piste, erhalten die Startfreigabe und los geht es. Viele kleine Wolken zieren den Himmel zwischen 500 und 1000 Metern Höhe. Wir fliegen Richtung Kowloon, kurz davor erhalten wir vom Controller die Freigabe, so zu fliegen, wie wir wollen. Wir geniessen die Freiheit und die Aussicht auf die Stadt. Nach und nach verschwinden die Inseln, und wir setzen Kurs auf Taiwan. Der Überflug über Taiwan führt uns über Taipei, und wir haben die Möglichkeit, das zurzeit noch höchste Haus der Welt zu sehen, ein Wolkenkratzer im sehr aktiven Erdbebengebiet. Kurz darauf verlassen wir Taiwan in Richtung Japan. Die Ostchinesische See erscheint in einem wunderbar tiefen Blau. Die Wolken hängen

tief. Nach weiteren zwei Stunden Flug erreichen wir Okinawa. Der Controller empfängt uns in breitem Amerikanisch und weist uns an, nach Sichtflugregeln auf der Piste zu landen. Für einen so kleinen Flugplatz herrscht viel Verkehr. Kurz nach uns landen zwei F15-Jagdflugzeuge in enger Formation. Weitere Phantom-Kampfflugzeuge überfliegen die Piste in geringer Höhe. Dazwischen landen Charterflugzeuge und U-Boot-Jäger. Wie es scheint, sind wir mitten in ein Manöver geraten. Auch hier sind die Formalitäten schnell erledigt, und wir fahren mit dem Taxi ins Hotel. Dort geniessen wir erst einmal ein japanisches Bier in der Lobby. Danach machen wir uns auf, das Schloss von Naha zu erkunden. Es wurde nach dem Krieg erst 1987 wieder aufgebaut. Trotzdem sieht es recht authentisch aus. Die Kombination von Steinmauern und rot lackiertem Holz ist fantastisch, der Blick über die Stadt Naha ist umwerfend. Sie breitet sich wie ein Teppich über die Landschaft aus. Verschiedenste Stile, Materialien und Farben erzeugen ein heterogenes Muster. Wir fahren mit einer Einschienenbahn zurück in die Stadt. Es ist wie in dem Film «Fahrenheit 451» von François Truffaut. Alles ist sehr modern, fast futuristisch, dazwischen bewegen sich traditionell gekleidete Menschen. Rücksicht und Freundlichkeit sind gross geschrieben.

Beim Auftanken in Naha auf Okinawa.

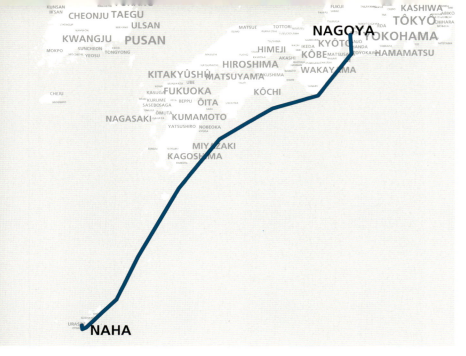

NAHA – NAGOYA, JAPAN

Dienstag, 27. Juni Am nächsten Morgen tanken wir die Maschine auf und organisieren das Flugzeug für den nächsten Flugtag. Dies geschieht unter dem Lärm brüllender Triebwerke von Kampfflugzeugen, die im Wechsel mit Hubschraubern die Luftwaffenbasis verlassen. Wir starten kurz nach 08:00. Das Wetter ist für den gesamten Flug gut vorausgesagt. Wir verlassen die Insel Okinawa in nördlicher Richtung. Die Bewölkung zieht sich zusammen. Mit dem Stormscope prüfen wir die Gewittertätigkeit in der Umgebung. Tatsächlich zeigt das Instrument Gewitter auf unserer weiteren Flugstrecke an. Wir beobachten die vor uns liegende Bewölkung und entscheiden uns für eine Route, die uns westlich vorbeiführt. Von dem Fluglotsen erhalten wir die Erlaubnis, von unserem Flugpfad abzuweichen und die Gewitter zu umfliegen. Nach etwa 50 Kilometern haben wir die Gewitter umflogen, und wir können wieder auf die Luftstrasse zurückkehren. Wir folgen der Ostküste Japans. Immer wieder sehen wir Hafenstädte mit Schutzanlagen gegen Tsunamis. Diese hohen Mauern umgeben den gesamten Hafen und die seewärts gelegene Stadt. Der Zugang zum Hafen wird nur durch eine kleine Öffnung gewährleistet. Tsunamis kommen in dieser Gegend immer wieder nach Erdbeben vor. Die Menschen sind darauf vorbereitet. Tiefe Buchten säumen die Uferlinie. In den Buchten liegen Fischfarmen in stereometrischen Figuren. Zurzeit herrscht in Mitteljapan Regenzeit. Das Wetter ist schwül und feucht. Die Sicht ist durch die hohe Luftfeuchtigkeit auf ein paar Kilometer reduziert.

In Nagoya treffen wir Nobuo Fuji, den japanischen Vertreter von Synthes. Wir werden von Nobuo herzlich empfangen und zu unserem Hotel geführt. Kurz danach steigen wir in den Shinkansen nach Kyoto. Dort treffen wir auf Prof. Sadami Tsutsumi und seine Frau Rieka. Ein lebhafter Austausch zwischen Sadami und Stephan zur Knochenbruchbehandlung entsteht. Später geniessen wir ihre Gesellschaft in einem exzellenten Restaurant.

In Kyoto mit Rieka und Sadami Tsutsumi.

25.06.2006 / 23:11 GMT / 22°40'N / 115°26'E / SHANWEI BAY, CHINA

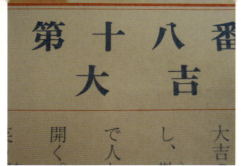

Professor Niva liest seine Weissagung. Gefällt die Weissagung nicht, kann sie an einer eigens dafür vorgesehenen Stelle entsorgt werden. Stephans Weissagung ist gut, Glück und Reichtum wird ihm vorhergesagt.

NAGOYA

Mittwoch, 28. Juni Nach dem Frühstück treffen wir Prof. Shigeo Niva. Er und Stephan tauschen sich lange über den Stand der Osteoporoseforschung aus. Dann fahren wir in einen buddhistischen Schrein von Nagoya. Kaum verlassen wir die hektische Strasse, befinden wir uns schon in einem paradiesischen Garten. Beim Schrein beten die Menschen und werfen Münzen in einen Behälter. Es wird in die Hände geklatscht, dann gehen sie wieder. Beim Kiosk kaufen wir uns eine Weissagung. Stephan wird Glück und Reichtum vorausgesagt, ich muss noch dafür arbeiten, und da Prof. Niva mit seiner Weissagung nicht einverstanden ist, bindet er diese an einen dafür vorgesehenen Zaun.

TOKIO

Donnerstag, 29. Juni Früh geht es nach Tokio. Der Shinkansen vom Typ 700 bringt uns innerhalb von weniger als 2 Stunden am Mount Fuji vorbei nach Tokio. Dort erwartet uns bereits Nobuo. Er führt uns nach Yokohama in ein Spital. Hier trifft sich Stephan mit den Professoren Itoman und Arube, Dr. Minehara und Dr. Naruse, dem Leiter des Labors. Nicolas verabschiedet sich in Richtung Tokioer Stadtzentrum. Nach einer eineinhalbstündigen Zugfahrt erreicht er Tokyo Central Station. Er macht einen Spaziergang und nimmt dann die U-Bahn nach Ginza, einem von Tokios Zentren. Nach Besuchen der Showrooms von Sony, Hermes, und Nissan treibt er weiter durch die Strassen. In einer Papeterie kauft er Geschenke für seine Tochter. Japan ist das Paradies für Kinder in Bezug auf farbige Aufkleber, kleine bunte Stifte und Miniaturen.

Am Abend treffen wir uns auf dem Bahnsteig des Shinkansen wieder. Hier treffen wir auch Dr. Mat Yamage, einen ehemaligen Mitarbeiter des Forschungsinstitutes Davos. Er überbringt uns die Grüsse von Soichi Motai, dem Bürgermeister von Ueda, einer neuen Stadtverbindung, die auch die Schwesterstadt von Davos Sanada beinhaltet.

In der Universität von Kanazawa mit Prof. Tomita.

Stephan mit Professor Tomita und seiner Frau im weltberühmten Kenrokuen-Garten in Kanazawa.

Wie das obere Bild entstand.

NAGOYA – KANAZAWA, JAPAN

Freitag, 30. Juni Heute geht es nach Kanazawa. Da uns die japanischen Behörden die Landung nur in Okinawa, Osaka, Nagoya und Hakodate erlaubt haben, müssen wir auch diese Strecke mit dem Zug zurücklegen. In Kanazawa treffen wir Prof. Katsuro Tomita und seine Frau in ihrem Haus. Wir trinken gemeinsam Tee und fahren dann zum Botanischen Garten von Kanazawa, einem der schönsten in Japan. Die Natur ist gezähmt und auf Schönheit getrimmt. Sogar die fallenden Blätter werden hier aufgefangen und aus den Bächen mit Tüchern abgefiltert. Wir spazieren an einen kleinen See. Dort liegt eine kleine Hütte auf Pfählen. Hinter der Hütte fällt ein Wasserfall, und im See schwimmen die Fische. Einfach idyllisch! Die Hütte ist mit Tatamis ausgekleidet. Hier treffen wir uns mit weiteren Forschern aus der Universität zum Mittagessen. Dann fahren wir in die Universitäts-Klinik und die Fakultät von Prof. Tomita. Er war der Erste, der eine erfolgreiche Totalentfernung eines Wirbelkörpers durchgeführt hat. Wir halten einen Vortrag zu unserem Abenteuer. Am Abend hält Stephan einen Vortrag zu Osteoporose vor einem grösseren Fachpublikum, zu dem auch Prof. Sawaguchi aus Toyama mit seinen Mitarbeitern angereist kam. Es ist für Stephan eine geschätzte Möglichkeit, alte Freundschaften zu erneuern.

KANAZAWA – NAGOYA

Samstag, 1. Juli Mit dem Zug fahren wir zurück nach Nagoya. Wir müssen den Weiterflug nach Hakodate und Russland vorbereiten. Zwei Koffer werden wir nach Vancouver vorschicken, um das Flugzeug so leicht wie möglich zu halten. Die Nervosität steigt, da der Flug über Russland wohl der fliegerisch anspruchsvollste Teil unserer Reise ist. Dieser wird uns beide auf die Probe stellen. Die Herausforderungen sind: das hohe Fluggewicht, das arktische Wetter, die eisig kalte See und die japanischen und russischen Behörden. An diesem Tag sprechen wir wenig, jeder hängt seinen Gedanken nach.

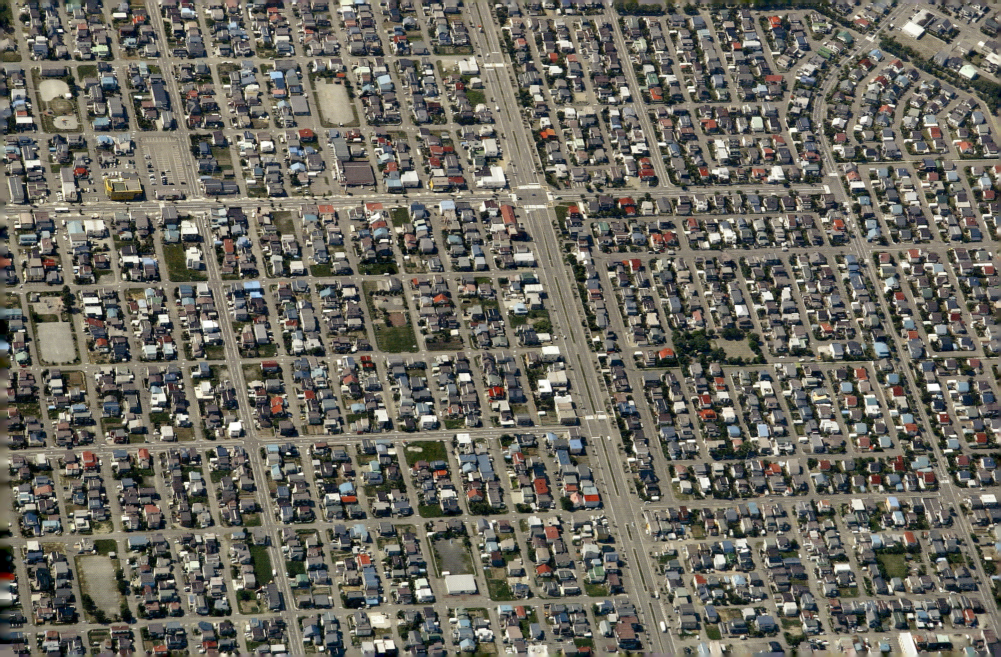

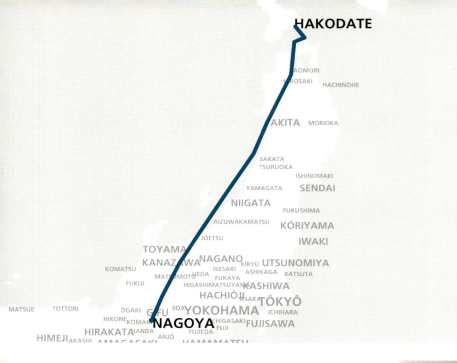

HAKODATE

AOMORI
HIROSAKI   HACHINOHE

AKITA   MORIOKA

SAKATA
TSURUOKA
ISHINOMAKI
YAMAGATA   SENDAI
NIIGATA
FUKUSHIMA
AIZUWAKAMATSU
KÔRIYAMA
JÔETSU
IWAKI
TOYAMA
NAGANO
KANAZAWA   KIRYÛ UTSUNOMIYA
KOMATSU   ISESAKI ASHIKAGA KATSUTA
MATSUMOTO UEDA FUKAYA
FUKUI   HIGASHIMATSUYAMA
KASHIWA
HACHIÔJI
ÔSAKA   TÔKYÔ
MATSUE   TOTTORI   ÔGAKI GIFU IIDA YOKOHAMA ICHIHARA
HIKONE KOMAKI CHIGASAKI FUJISAWA
NAGOYA FUJIEDA FUJI
HIMEJI HIRAKATA HANDA ANJÔ
AKASHI AMAGASAKI HAMAMATSU

Die HB-DGL auf dem Flughafen von Asahikawa, auf dem Platznot herrschen soll.

NAGOYA – HAKODATE, JAPAN

Sonntag, 2. Juli Heute geht es weiter nach Hokkaido, die grosse Insel im Norden von Japan. Das Wetter macht uns einen Strich durch den Plan, am Fuji-San, dem grossen Vulkan in der Nähe von Tokio, vorbeizufliegen. Es regnet, und die Wolkenunterseite liegt auf 800 Meter. Wir verlassen Nagoya westwärts. Wir fliegen die ganze Zeit zwischen Wolken. Es ist wie ein Flug durch Watte. So sehen die einsamsten Momente des Fliegens aus. Man ist ganz alleine. Am Ende der Flügelspitzen endet das bekannte Universum, darüber hinaus ist nur noch weisses Nichts.

Bald verlassen wir die Hauptinsel Honshu und fliegen über die Japanische See etwa 50 Meilen westlich der Küste. Der Überflug der Tsugarukaikyo-Meerenge von Honshu nach Hokkaido ist ein Katzensprung. Unser Ziel, Hakodate, liegt an der Südspitze von Hokkaido. Wir haben es gewählt, da in Asahikawa, auf unserem Startflughafen für den Flug von Japan nach Russland, Reparaturen am Flugplatzvorfeld ausgeführt werden und daher keine Übernachtungsmöglichkeit für unser Flugzeug bestünden. Wir landen in Hakodate. Unsere Mooney ist hier das einzige Sportflugzeug, ansonsten befindet sich nur noch eine Boeing 747 auf dem gähnend leeren Flugfeld. Wir müssen Hakodate am Tag darauf verlassen, können aber in Asahikawa eine Nacht bleiben. Für den Flug zwischen Japan und Alaska, eine Strecke von fast 4500 km ohne Auftanken, sind wir sehr wetterabhängig. Wir können nur eine Gegenwindkomponente von 10 Knoten akzeptieren, um genügend Benzin für die gesamte Flugstrecke zu haben. Wir fahren erstmal zum Hotel. Hier wird ausschliesslich Japanisch gesprochen. Den Nachmittag verbringen wir mit Vorbereitungen für den Weiterflug. Die Anspannung hinsichtlich unseres Überflugs nach Russland und weiter nach Alaska wächst. Im Laufe der letzten Monate haben wir immer wieder die aktuellen Wetterbedingungen in Russland und Alaska geprüft. An keinem der beobachteten Tage war ein Flug möglich. Entweder die Gegenwindkomponente war zu gross oder Nebel machte eine Landung unmöglich.

Mit der Ground Handling Crew in Asahikawa.

HAKODATE – ASAHIKAWA, JAPAN

Montag, 3. Juli Der Regen hat in der Nacht zugenommen. Das Frühstück ist traditionell japanisch: Roher Fisch, Reis und Eier. Stephans Laune ist im Keller. Wir erreichen den Flughafen kurz nach 08:00 und starten kurze Zeit später nach Asahikawa. Dies ist der kürzeste Flug unserer Reise, 45 Minuten. Das Wetter in Hakodate ist wie am Vortag, tiefe Wolken, Regen und viel Wind. Die Wettervorhersage für die Mitte und den Norden der Insel sind überraschend gut. Nach einer Viertelstunde Flug erreichen wir das Ende der Wetterstörung und fliegen bei Sonnenschein über Sapporo. Eine riesige Stadt in klar orthogonalem Muster. Gegen das Stadtzentrum hin werden die Häuser etwas höher. In den Vororten dominieren ein- und zweigeschossige Wohnhäuser.

Die Stimmung im Cockpit taut durch den Sonnenschein etwas auf. Doch immer noch sind unsere Gedanken bei der nächsten Etappe. Die Sorge um das unvorhersehbare Wetter und die für ihre störrische Eigenart berüchtigten russischen Controller lässt keine Ruhe. Wir erinnern uns an zwei deutsche Fliegerkollegen, die zwei Wochen in Sapporo auf besseres Wetter gewartet haben, bevor sie aufgaben und den Flug um drei Monate verschieben mussten. Unter uns ent-

faltet sich gerade die wunderschöne Landschaft von Hokkaido: Hügel, Wälder, Weiden und Seen. Sie bringen uns auf andere Gedanken. Es erscheint uns fast, als wären wir wieder zurück in der Schweiz. Vor dem Hintergrund der nächsten, gefährlichsten unserer Etappen wird dieses Gefühl von Heimat abgelöst von der Frage, weshalb wir uns auf diese Reise gemacht haben, was wir hier suchen und weshalb wir uns diesen Risiken aussetzen. Mit einer Handbewegung wische ich diese Gedanken weg. Es scheint, als ob Stephan ähnlichen Gedanken nachgegangen und ebenfalls plötzlich wieder zu sich gekommen ist. Wir schauen uns an und lachen, denn wir wissen genau, was uns hierher geführt hat und weshalb wir sind, was wir sind: Forscher und Abenteurer. Nach der Landung in Asahikawa erwartet uns neues Ungemach. Der Flughafen von Petropawlowsk-Kamtschatski, unsere Destination in Russland, wird 18:00 für Wartungsarbeiten geschlossen. Das teilt uns die Ground Handling Crew mit. Kein Problem, wir wollen sowieso früh los, denken wir, nicht aber die lokalen Behörden. Der Zoll macht erst um 10:00 auf, plus sechs Stunden Flug und vier Stunden Zeitverschiebung, landen wir frühestens um 20:00, zwei Stunden zu spät. Die Japaner teilen uns auch mit, dass wir am nächsten Tag den Flugplatz verlassen müssen, da nicht ausreichend Parkpositionen zur Verfügung stehen. Das spielt uns einen Trumpf in die Hand, mit dem wir nicht gerechnet haben. Wenn man uns in Asahikawa los sein will, muss man die entsprechenden Rahmenbedingungen schaffen. Wir spielen auf Zeit. Gleichzeitig ist die Wettervoraussage für die kommenden Tage für unseren Flug bestens.

VATER UND SOHN

Sechs Wochen auf kleinstem Raum. Wie werden wir zusammen fliegen, arbeiten, uns vertragen und täglich lebenswichtige Entscheidungen fällen, fragten sich Stephan und Nicolas vor dem Flug. Ihre Erfahrungen zu diesem Thema werden hier von beiden Seiten beleuchtet:

Stephan: Früh war ich von Nicolas' Handhabung der Mooney beeindruckt. Gesagt habe ich ihm das wohl nie. Vieles, was ich in 55 Jahren Stück für Stück dazugelernt habe, nahm er in kurzer Zeit auf. Nicolas war schon lange bevor er selbst fliegen lernte begeisterter Passagier. In einer kunstflugtauglichen Monsum sah er in der Nähe von Feldkirch feindliche Stellungen, die wir unbedingt im Sturzflug angreifen sollten. Nach dem dritten Anflug liess er verlauten: «Papa, mir ist übel, wir müssen sofort landen.» Es reichte bis nach Bad Ragaz.

Während meiner Ausbildung bei Geiger hatte ich gelernt, auf unübliche Flugsituationen schnell und einfach nach Hosenbodengefühl zu reagieren. Trotzdem suche ich die Herausforderung nicht in der Art, dass ich mich unnötig in schwierige Situationen manövriere. Auf meine Fragen, wie in einem Gewitter zu fliegen sei, hatte mir Geiger geantwortet: «Das ist Material, das ist keine Luft, mach das nicht.» Ich habe das später einmal erlebt, und mein Bedarf war gedeckt. Nicolas scheint von den Gewittertürmen magisch angezogen zu werden. Er sieht in einem Feld von Gewittertürmen die Möglichkeit, Slalom zu fliegen. In der Beurteilung dieser Situation unterscheiden wir uns.

Kurz vor unserer grossen Reise flogen wir mit voller Zuladung nach Sardinien und beobachteten, wie sich das Flugzeug unter Volllast. verhielt. Generalprobe sozusagen. Als Nicolas am Steuer in der Gegend von Zürich durch 4500 m ü. M. stieg, bemerkte er, dass der Ladedruck des Motors bedenklich abnam. Wir meldeten Zürich, dass wir aus technischen Gründen in Zürich landen mussten. Ob wir eine Notlage melden? Nein, trotzdem wurde uns eine eigene Frequenz zugewiesen, und die Landung wurde von der ausgerückten Feuerwehr begleitet. Ein erstaunlicher Service. Es zeigte sich bald, dass sich der Schlauch vom Turbolader zum Intercooler gelöst hatte. Der Motor leistete nur einen kleinen Teil seiner möglichen Arbeit. Nicolas arbeitete unter Druck hervorragend. Auf diesem Flug und der anschliessenden Weltumrundung kam kein Misston auf, Ansätze dazu überspielten wir beide «grosszügig». Schliesslich wussten wir beide, dass nur ein nahtlos funktionierendes Team die Schwierigkeiten des Fluges meistern konnte.

Wenn ich auf den Flug von Zürich über Sydney nach Vancouver zurückblicke, empfinde ich tiefe Dankbarkeit, dass wir so gut zusammen funktionieren. Hier vielleicht ein Wort zum berühmten Cockpit Resource Management: Unsere Arbeitsteilung wurde klar abgesprochen: ich fliege, du übernimmst Navigation und Sprechfunk usw. In Wirklichkeit war mit dieser Arbeitsteilung spätestens Schluss, wenn der Reiseflug mit seinen ausgedehnten Perioden der Ruhe begann. Wenn ich navigierte, geschah es oft, dass ich ins Leere griff. Nicolas hatte die Frequenz oder den Kurs bereits umgestellt, ehe ich mich ihm zuwandte. Andererseits war ich in Hongkong bereit einzugreifen, als er bis kurz vor der Landung fotografierte. Aber wie immer, wandte er sich im rechten Augenblick den fliegerischen Prioritäten zu.

Nicolas: Wir hatten entschieden: «Wir fliegen um die Welt.» Die Reichweite dieser Entscheidung wurde mir jedoch erst nach und nach klar. Jede Hürde, die wir nahmen, sei sie technischer, administrativer oder finanzieller Art, brachte uns einen Schritt näher an unser Ziel und somit auch näher zusammen ins Cockpit. Und das Cockpit der Mooney ist eng.

Vor mehr als 30 Jahren hatte Stephan in mir das Feuer der Fliegerei entfacht. So oft wir konnten sind wir zusammen nach Bad Ragaz gefahren und übers Land geflogen. Über die Jahre, in denen wir unsere gemeinsame Leidenschaft pflegen, veränderte sich unser Verhältnis stark. Der Altersunterschied und damit die unterschiedliche Wahrnehmung der Gefahr war immer wieder ein Reibungsgrund. Getreu dem Sprichwort «There are bold pilots and there are old pilots» ist Stephan deutlich konservativer, wenn es um die Flugplanung und Ausführung geht. Diese Haltung ging für mich mit seinen Geschichten aus seiner frühen Fliegerzeit nicht ganz zusammen. Früher sehnte ich mich danach, diesen Abenteuern nachzueifern. Da Stephan aber diese Phase seiner Fliegerkarriere hinter sich hatte, waren Spannungen nicht abzuwenden. Mit dieser Erkenntnis im Handgepäck wurde der Flug zu einer wahren Freude. An dem Tag, an dem wir die Schweiz verlassen haben, waren die Würfel gefallen. Wenige Stunden zuvor haben wir die letzten Utensilien verpackt. Diesem Zeitpunkt ging ein Jahr Planung voraus. An alles musste gedacht werden. Daneben haben Stephan und ich voll gearbeitet, er in Davos und ich in Berlin. Viele Stunden waren wir über Skype verbunden. Dazwischen haben wir uns wochenweise in der Schweiz getroffen und die Planung weiter vorangetrieben. In der Routenwahl und der Art des Vorgehens waren wir uns einig. Das schwierigste Unterfangen war die Wahl der Ausrüstung. Hier unterscheiden wir uns fundamental. Ich nehme nur mit, was ich sicher bin, dass ich

es brauche oder im Notfall brauchen könnte. Stephan arbeitet auf einer Optimierungsebene. Alles kann noch etwas optimiert werden. Also lieber drei Taschenlampen, Funkgeräte, GPS-Empfänger etc. Die Diskussionen waren fruchtbar, und am Ende landeten wir mit Gewicht und Ausrüstung beim Sollwert. Vor dem Flug habe ich mir vorgestellt, dass wir während der langen Flugstunden Zeit für ausgedehnte Vater-Sohn-Gespräche haben. Viel wollte ich erfahren über die Vergangenheit, seine Jugend in Zermatt, die Verwandten, die ich nicht mehr kennen gelernt habe. Am Ende hatten wir gar keine Zeit für diese Themen.

An einem regnerischen Dienstagmorgen stiegen wir in die Mooney, um unser grosses gemeinsames Abenteuer zu beginnen: Vater und Sohn gemeinsam um die Welt in einem Cockpit von etwas mehr als einem Kubikmeter. Wir haben uns einige Vorgehensweisen bereitgelegt, sogenanntes Crew Resource Management. Beim ersten Flug sitze ich auf der linken Seite. Ich bin zuständig für das primäre Fliegen und den Funkverkehr. Stephan kümmert sich um die Navigation und die Bedienung des Motors. Diese Aufteilung entspricht auch unseren Veranlagungen. Wie bereits bei früheren Flügen ist Stephan mehr an dem interessiert, was in der Kabine abläuft. Er kümmert sich hervorragend um den Motor, unseren wichtigsten Verbündeten auf der Reise um die Welt. Die ersten Flüge verlaufen sehr ruhig. Wir sind sehr auf das konzentriert, was vor uns liegt. Trotz der ungewohnten Länge der Flüge kommt überhaupt keine Langeweile auf, immer gibt es etwas zu tun. Auch während der gemeinsamen Zeit am Boden haben wir ein dicht gedrängtes Programm: Flugvorbereitung, Transfers, Publikationen und Sightseeing brauchten unser gesamtes Zeitkontingent auf. Wir sind ständig nebeneinander und immer schwer beschäftigt, uns unserem gesteckten Ziel etwas näher zu bringen. Es war eine wunderbare Zeit. Vielen Dank Papa.

Wohnhäuser in Asahikawa.

ASAHIKAWA

Dienstag, 4. Juli Der Tag beginnt mit einem wunderbaren Frühstück im Hotel. Das Hotel ist ein alter Kasten aus der japanischen Imperialzeit. Unsere Agenten rufen an und berichten über ihren Erfolg bei den Behörden. Am Nachmittag können wir bereits alle Ausreiseformalitäten erledigen. Wir lassen alle Beteiligten noch im Unklaren, dass unsere Abreise massiv vom Wetter abhängt, das wir vorausgesagt bekommen. Aber diese Brücke wollten wir erst überqueren, wenn wir sie erreichen. Und plötzlich ist die Sorge wieder da. Die Sorge vor der nächsten Etappe. Wir werden eine ähnliche Flugroute einschlagen wie die KAL007, die 1983 von den russischen Luftstreitkräften abgeschossen wurde. Natürlich haben wir andere Sorgen: Wetterbedingungen, die uns nicht erlauben zu landen, und Ausweichflughäfen, die weit von der Route entfernt liegen, unvorhergesehener Gegenwind, der unsere Benzinvorräte schneller aufbrauchen lässt als vorhergesehen. Es könnte auch eine Motorpanne sein, die uns zur Notlandung zwingt, und dies in einem Gebiet, das ähnlich dicht bevölkert ist wie der Nordpol. Oder wir müssen notwassern, bei Wassertemperaturen nur unmerklich über dem Nullpunkt. Obwohl wir vorgesorgt haben, bleiben die Sorgen. Wir wissen von der amerikanischen Küstenwache und deren schnellen und gut organisierten Rettungswesen, den Russen wollen wir so recht nicht trauen. Unsere gemeinsamen Spaziergänge in den Parks und Museen von Asahikawa gestalteten sich einsilbig. Nicolas kauft noch ein paar japanische Kleinigkeiten für seine Tochter Lara und schickt sie ihr. Wir prüfen das Wetter mindestens acht Mal am Tag. Jedesmal ist eine Verbesserung zu sehen. Sogar der Nebel in Nome, unserer Destination

in Alaska, verzieht sich. Der Wind steht jedoch immer noch aus dem Norden mit 20 Knoten und versperrt uns den Weg nach Alaska. Immer wieder rechnen wir verschiedene Szenarien durch. Mal mit mehr Leistung und damit mehr Geschwindigkeit, mal mit weniger Leistung und in niedrigeren Höhen. Wir probieren theoretisch alles aus. Immer ist das Resultat am Ende dasselbe, der Wind darf maximal 12 Knoten gegen uns stehen, sonst können wir den Flug nicht mit der notwendigen Sicherheit durchführen. Am Nachmittag fahren wir zum Flughafen und sprechen dort mit dem Wetterfrosch und den lokalen Behörden. Die Ausreisebehörde dreht ihren Ausreisestempel um einen Tag weiter, und wir erhalten die Ausreisegenehmigung. Wir dürfen genau um 08:00 starten, nicht früher, da der Flugplatz erst dann aufmacht. Aufgetankt wird um 07:00. Ich rechne damit, dass das Auftanken mindestens 30 Minuten geht, bis alle Tanks voll sind. Dann eine halbe Stunde umziehen und Flugzeug prüfen. Das Wetter ist auf der ganzen Strecke nach Petropawlowsk bedeckt, und wir werden in 4000 Meter Höhe fliegen, voraussichtlich zwischen zwei Wolkenschichten. Also werden wir weder das Meer noch den Himmel sehen. Wir hatten uns bereits sehr auf die Aussicht auf die Kurilen-Inseln gefreut. Am Nachmittag des folgenden Tages ist in Asahikawa schlechtes Wetter vorausgesagt. Wir haben also nur diese eine Chance, am nächsten Tag loszufliegen. Jetzt kann uns noch der Wind einen Strich durch die Rechnung machen. Wir können nur hoffen, dass bis morgen der Wind dreht, damit wir tatsächlich starten können und nicht vom schlechten Wetter auf Hokkaido blockiert werden. Mit Bangen verlassen wir den Flughafen.

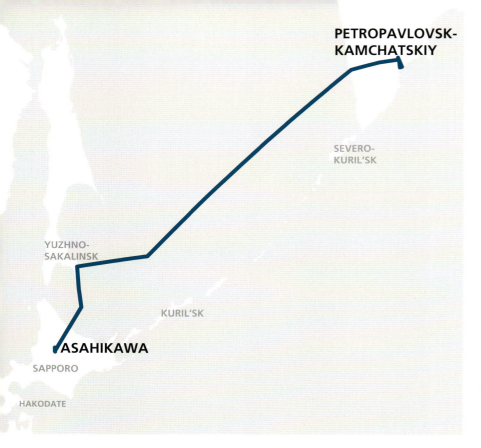

PETROPAVLOVSK-KAMCHATSKIY

SEVERO-KURIL'SK

YUZHNO-SAKALINSK

KURIL'SK

ASAHIKAWA

SAPPORO

HAKODATE

Im Cockpit wird es langsam eng.

Mit der gesamten Überlebensausrüstung.

ASAHIKAWA – PETROPAWLOWSK-KAMTSCHATSKI, RUSSLAND

Mittwoch, 5. Juli Der Morgen beginnt mit einer guten Nachricht. Der Wind hat leicht nach Osten gedreht, und die Gegenwindkomponente liegt nun genau bei 12 Knoten. Wir sind erleichtert, aber haben nur gerade die von uns eingeplante Sicherheitsreserve von 2 Stunden bei der Landung in Nome zur Verfügung. Die Anspannung bleibt. Wir entscheiden uns zum Start. Um 06:30 sind wir am Flugplatz, der gerade geöffnet wird. Nach Fluganmeldung und abschliessender Wetterberatung treffen wir am Flugzeug die Tankmannschaft. Wir füllen alle Tanks. Je nach Motoreneinstellung reicht dies für bis zu 24 Stunden Flugzeit. Wir kontrollieren unsere Notfallausrüstung und legen alles für den Ausstieg bereit. Dann steigen wir in unsere Überlebensanzüge. Darüber kommt der Gürtel mit dem Rettungsboot. Nachdem wir all diese Utensilien angezogen haben, passen wir fast nicht mehr nebeneinander ins Cockpit. Schon beim Rollen auf dem Flugfeld spüren wir das Gewicht der Maschine. Wir befinden uns mit der Zuladung am Limit. Der Schwerpunkt der Maschine ist für das Flugverhalten ausschlaggebend. Wir haben jedes Gepäckstück gewogen und einen Platz zugewiesen. Exakt um 08:00 rollen wir auf die Startpiste, und Stephan öffnet den Gashahn bis zum roten Strich. Sobald der Propeller die maximale Drehzahl erreicht hat, lässt Nicolas die Bremsen los. Stephan regelt den Ladedruck nach. Ganz langsam nimmt die Maschine Fahrt auf. Die Piste in Asahikawa ist 3 Kilometer lang, ausreichend für uns. Die Mooney rollt immer schneller. Wie wird sich die Maschine bei diesem Gewicht verhalten. Vorsicht, keine ruckartigen Bewegungen, alles muss jetzt mit viel Gefühl geschehen! «55... 60... 65... 70... 75... 80 Knoten», sagt Stephan an. Mein Blick ist nur nach aussen gerichtet. Erst jetzt, bei dieser Geschwindigkeit, will das Flugzeug in die Luft. Es ist dieser Moment, in dem das leblose

Die HB-DGL gut bewacht.

Objekt aus Metall zu einem lebendigen Flugzeug wird. Das leichte Hüpfen des Vorderrades verrät die Lust des Flugzeuges, in die Luft zu springen und den Himmel zu erobern. Ganz sachte, mit einem leichten Ziehen am Steuerhorn, löst sich das Vorderrad vom Asphalt. Nur noch das Hauptfahrwerk verbindet uns mit der Erde. Dann ist auch das Hauptfahrwerk in der Luft, und wir steigen dem Himmel entgegen. Die Mooney trotzt dem Gewicht und steigt ausgezeichnet mit knapp 400 Fuss pro Minute. 500 Fuss Höhe: Ganz sanft legt Nicolas das Flugzeug in eine Linkskurve. 1000 Fuss Höhe, Stephan reduziert die Motorenleistung von Startleistung zu Steigleistung. 1500 Fuss, wir überfliegen den Flugplatz und richten die Nase des Flugzeugs nach Norden. Nach einer halben Stunde Flug erreichen wir die ersten Wolken. Es ist eine Stratusbewölkung, die uns komplett einhüllt. Wir sehen nur noch grau in grau. Zu Beginn sprechen wir wenig. Wir hängen unseren Gedanken nach und wollen uns gegenseitig nicht mit Sorgen belasten. Stephan richtet das GPS so ein, dass es den Benzinverbrauch und die Reserve bei der Landung anzeigt. Unser Blick bleibt immer wieder daran hängen, und die Stimmung heitert

sich auf, als wir sehen, dass die Reserven reichlich sind. Statt eines Fluges direkt nach Petropawlowsk müssen wir einen Umweg über Sachalin fliegen. Der russische Flugverkehrsleiter bleibt stur. Nach fünf ereignislosen Stunden Flug zwischen den Wolken erreichen wir den Luftraum von Petropawlowsk. Wir melden unsere Position und erhalten einen Anflug, der eine weitere Viertelstunde unseres kostbaren Flugbenzins verbraucht. Wir beschliessen aber, uns auf keine Diskussion mit dem Controller einzulassen. Unter den Wolken eröffnet sich ein umwerfendes Panorama. Von Vulkanen umgeben liegt die Bucht von Petropawlowsk vor uns. Es ist absolut hinreissend! Wir landen auf der fast sieben Kilometer langen buckeligen Piste. Kein Zeichen der angemeldeten Reparaturarbeiten, auch beobachten wir Flugverkehr bis tief in die Nacht hinein. Nachdem wir fast 10 Minuten entlang alten Militärflugzeugen zu unserer Parkposition gerollt sind und den Motor abgestellt haben, zeigt uns das Instrument, das den Benzinverbrauch anzeigt, dass wir genau in unserer Planung liegen. Wir sind sehr froh, dass wir es geschafft haben.

Entgegen unserer Annahme, dass für Flugbesatzung keine Visumpflicht besteht, lässt man uns nicht nach Russland einreisen. Also verbringen wir den Abend im Flugplatzhotel und können uns so besser auf unseren morgigen Flug vorbereiten. Die ganze Nacht starten und landen Flugzeuge. Scheinbar scheint die Schliesszeit 18:00 nicht für alle zu gelten.

Nach der Landung in Petropawlowsk.

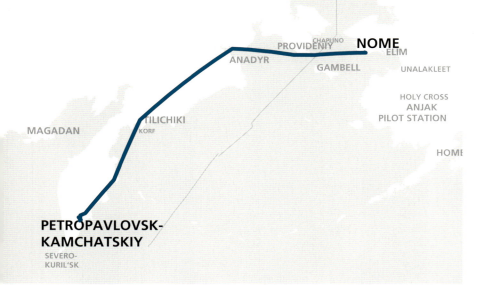

NOME
PROVIDENIY
CHAPLINO
ELIM
ANADYR
GAMBELL
UNALAKLEET

HOLY CROSS
ANJAK
PILOT STATION

MAGADAN
TILICHIKI
KORF

HOME

PETROPAVLOVSK-
KAMCHATSKIY
SEVERO-
KURIL'SK

Unser japanischer Glücksbringer.

PETROPAWLOWSK-KAMTSCHATSKI – NOME, ALASKA

Donnerstag, 6. Juli, und zurück nach Mittwoch, 5. Juli

Um 05:00 sind wir wach. Schnell machen wir uns bereit und sind kurz darauf bei der Flugvorbereitung. Dann kommt der bange Moment, wir begeben uns zu Igor, ins Wetterbüro. Wir besprechen die Situation, erklären ihm, wie sehr für uns der Wind wichtig ist. Er kramt nach den letzten Windkarten der verschiedenen Flugebenen, als er uns die erste auf den Tisch knallt, trifft uns der Schlag. 25 Knoten Gegenwind, aber die ist für Flugfläche 350. Uff, also viel zu hoch für uns. Als wir dann die richtige Karte vor uns haben und dazu die Karten, die Bewölkung, Temperaturverlauf und Niederschläge darstellen, ist das Verdikt klar: Das Wetter ist nicht ideal, die Bedingungen reichen jedoch aus, um einen sicheren Flug zu gewährleisten. Für Nome, unsere Destination, und Anadyr, unserem Ausweichflughafen, ist für die nächsten 18 Stunden Sichtflugwetter vorausgesagt. Eine Situation, die wir in unseren Beobachtungen der letzten Monate nie verzeichnen konnten. Weiterhin sind wir angespannt. Da bisher alles geklappt hat, sind wir umso vorsichti-

ger. Die Statistik beginnt gegen uns zu arbeiten. Also überprüfen wir noch mal alles doppelt, um dem Zufall keine Chance zu geben. Wir verabschieden uns von der lokalen Agentin Natalia und steigen ein. Weiterhin beschäftigen uns viele Fragen: Wie wird der Wind auf der Strecke stehen? Sind wir auf alle Eventualitäten vorbereitet? Wie werden wir neun Stunden an der Sauerstoffzufuhr aushalten? Beim Rollen zur Piste ist höchste Aufmerksamkeit gefordert, immer grössere Löcher tauchen auf. Wenn man mit dem Vorderrad in solch ein Loch gerät, schlägt der Propeller unweigerlich auf dem Asphalt auf. Dies hätte zur Folge, dass der gesamte Motor auseinandergeschraubt werden muss, um ihn auf Schäden zu untersuchen. Und das wäre das Aus für unsere Reise. Also Blick starr nach vorn und immer wieder ausweichen.

Der Start verläuft reibungslos. Der Unterschied zu gestern ist gewaltig. Die Maschine kommt uns wesentlich leichter vor. Wir umfliegen den Flugplatz und folgen der Abflugprozedur. Sie führt uns an einem gewaltigen Vulkan vorbei und weiter Richtung Nordosten. Das Wetter klart auf, und wir fliegen bei Sonnenschein über die Halbinsel Kamtschatka. Die Landschaft ist geprägt von Vulkantätigkeit. Wie in Indonesien gibt es hier überall Anzeichen von erloschenen, aber auch aktiven Vulkanen, die noch rauchen.

Wir steigen auf die geforderte Höhe von 6000 Meter. Kaum haben wir die Maschine im Reiseflug eingerichtet, prüfen wir unsere Reichweite. Unter den aktuellen Verhältnissen, Wind, Motorenleistung und Verbrauch, erreichen wir Nome mit einer Reserve von 20 Gallonen, also genau nach Plan. Uns fällt ein Stein vom Herzen. Nicht nur die ausreichenden Benzinreserven, auch die Verlässlichkeit der Berechnungsmethoden ist beruhigend. Einzig der 100 km/h starke Seitenwind von rechts könnte Probleme bereiten, wenn er nach vorne auf unsere Flugzeugnase dreht.

Die HB-DGL zwischen grossreifigen Buschfliegern.

Nach der Freigabe der Route nach Anadyr hören wir vom Controller nur noch «njet». Das ist die eintönige Antwort auf unsere wiederholte Anfrage nach einer tieferen Flugfläche. Wir sind ganz alleine. Über Stunden sehen wir kein Zeichen der Menschheit. Die Landschaft wandelt sich von einer von Nadelwald geprägten Berglandschaft zu einer fast ebenen baumlosen Tundra. Wir erwarten jeden Moment ein Mammut zu sehen, so urtümlich kommt uns die Szenerie vor.

Plötzlich sehen wir am Horizont einen weissen Streifen. Hat sich der Wetterbericht geirrt, und eine Nebelbank hat sich über die Beringsee geschoben? Wir schauen uns an und bitten den Fluglotsen um den Wetterbericht von Anadyr und Nome. Auf beiden Flugplätzen herrscht weiterhin Sonnenwetter. Aber was ist dann der weisse Streifen am Horizont? Es ist Eis! Es liegt eine verstreute Schicht Eis auf dem Wasser der Bucht, der wir uns nähern. Wir überfliegen Anadyr. Ein paar Häuser, ein Hafen und ein Flugplatz 2000 Kilometer von der nächsten grösseren Stadt entfernt.

Wir richten die Nase in Richtung der Bucht von Anadyr, die wir auf unserem Weg nach Nome als Nächstes überfliegen. Dahinter liegt nur noch die Halbinsel Chukotskiy Polustrov mit dem Ort Provideniya vor der Beringstrasse. Nach einer dreiviertel Stunde über dem Wasser mit Eisschollen erreichen wir Provideniya, ein romantisch gelegenes Fischerdorf. Das Wasser am Sund ist noch gefroren. Auch mitten im Sommer sieht es hier sehr kalt aus. Die Landschaft ist geprägt von glazialen End-

moränen. Von hier aus können wir bereits die erste amerikanische Insel sehen. Wir sind überrascht von der geografischen Nähe der Russen und Amerikaner. An diesem Ort können sie sich von ihrem Heimatland aus zuwinken!

Wir überqueren das letzte russische Ufer ostwärts und verlassen den asiatischen Kontinent. Der Ausblick entlang der Halbinsel nach Norden zur Beringstrasse lässt uns all die Sorge vergessen, die wir so lange vor diesem Flugabschnitt in uns getragen haben.

Der erste Kontakt mit der US-Luftaufsicht und der erste Blick auf Alaska geschehen zeitgleich. Die Stimme des amerikanischen Controller ist ein bisschen wie zu Hause ankommen. Nach einer weiteren Stunde Flug erreichen wir Nome. Immigration, Zoll und Küstenwache wird von einer Person durchgeführt. George ist ein Bär von einem Mann. Sehr freundlich und humorvoll. Wir landen am 5. Juli, einen Tag früher, als wir in Russland losgeflogen sind, weil wir die Datumslinie überquert haben. Wir nehmen den geschenkten Tag gerne an. Ich frage George nach dem amerikanischen Nationalfeiertag und dem Feuerwerk. Er sagt ganz trocken: hier haben wir kein Feuerwerk, bei uns scheint die Mitternachtssonne.

Nome erinnert an Windorah und Anadyr, eine Ansammlung von Blechhütten, 150 Meter asphaltierte Strasse und ein Flugplatz. Nach Nome gibt es keine Strasse. Wer hierher will, muss mit dem Schiff oder dem Flugzeug kommen. Nachdem man in Nome Gold an der Küste gefunden hatte, überfluteten Goldgräber die Gegend. Die Stadt wuchs auf das Zehnfache. Heute ist sie auf die ursprüngliche Grösse geschrumpft. Wir essen traditionsgemäss zwei riesige Burger und spazieren um Mitternacht ins Hotel. Die Sonne steht immer noch hoch über dem Horizont. Ein eigenartiges Bild, die verlassene Hauptstrasse bei vollem Sonnenschein.

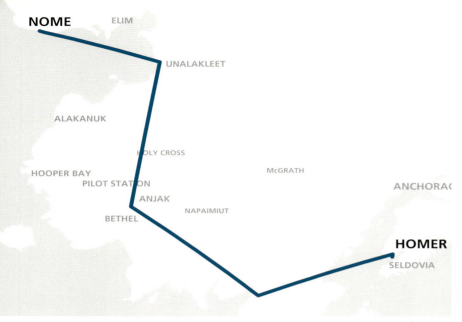

In Homer mit Robert Döbeli.

NOME – HOMER, ALASKA

Donnerstag, 6. Juli, zum Zweiten Amerikanisches Frühstück! Nicolas freut sich bereits auf die Pfannkuchen, den Speck und das Rührei. Wir verlassen das Hotel mit unseren Koffern und laufen zum besten Kaffee in Nome. Das Gepäck hinter uns herziehend, lassen wir die unterschiedlichen Orte, die wir bisher besucht haben, Revue passieren: das quirlige Istanbul, das verschlossene Zahedan, das bunte Ahmedabad... und jetzt sind wir hier fast am Ende der Welt auf einer staubigen Dorfstrasse. Und nun wissen wir auch aus eigener Erfahrung, dass es kein Ende gibt. Die Welt ist eine Kugel, und wir sind bereits zu drei Vierteln rum.

Am Flugplatz angekommen, fahren wir zu unserer Mooney. Fest verankert steht unser treuer Weggefährte inmitten von Buschflugzeugen mit riesigen Rädern. Heute sehen wir dem Flug absolut gelassen entgegen, gestern war es ein riesiger Berg, den wir zu überklimmen hatten. Ab hier geht es nur noch abwärts. Hätten wir gewusst, was das Wetter in Alaska noch für uns vorbereitet hat, wären wir weniger gelassen eingestiegen.

Die Wetterberatung, die Fluganmeldung und das Auftanken nahmen eine dreiviertel Stunde in Anspruch. Der Weg zur Piste war ähnlich löchrig wie in Petropawlowsk. Wir überfliegen zum Abschied Nome in einem weiten Kreis, richteten danach die Nase unseres Flugzeuges nach Südosten Richtung Elim am Nordost-Ende des Norton Sundes. Danach geht es weiter direkt nach Süden, um über Holy Cross und Aniak nach Naknek zu gelangen. Kurz nach Aniak begann unser Stormscope Gewitter anzuzeigen, genau auf unserer Route. Das Gerät zeigte einen Weg durch das Unwetter, dem wir genau folgen. Wir teilten dem Fluglotsen mit, dass wir wegen der Gewitterzellen etwas vom Kurs abweichen müssten. Er ist sehr hilfreich und macht uns verschiedene Vorschläge, wie wir die Gewitterwolken umfliegen können. Unser Blick in die Wolken, das Stormscope und der Controller arbeiten bestens zusammen. Wir werden zwischen Gewitterwolken durchgeleitet. Was für ein Unterschied zu dem Fluglotsen in Russland am Vortag.

Je weiter wir uns Homer nähern, umso trüber wird das Wetter. Wir beginnen den Instrumentenanflug auf Homer. Es ist wie in eine Milchsuppe eintauchen. Nach einer Viertelstunde kommen wir unter den Wolken wieder raus. Eine märchenhafte Insellandschaft erstreckt sich vor uns. Homer liegt auf einer Landzunge, die weit in den Golf von Alaska reicht. In Richtung Osten liegen die Kenai-Berge, die bis in die Wolken hineinreichen.

Hier treffen wir Robert Döbeli, einen Funker-Freund von Stephan, der die Sommer regelmässig in Alaska verbringt. Auf dem Flugplatz kommt eine Frau auf uns zu und spricht uns in Französisch an. Eine Westschweizerin, die hier in Homer lebt und als Buschpilotin arbeitet. Nach einem kurzen Schwatz machen wir uns von dannen. Wir verbringen den Abend mit Robert. Er und Stephan tauschen Funkerlatein aus.

In Juneau bei Costal Fuels.

Die Stimme des Fluglotsen in unseren Kopfhörern reisst uns aus den Träumen. Der Flugplatz von Juneau liegt hinter einer Landzunge. Da wir nach Sichtflugregeln fliegen, ist die Navigation sehr intensiv, trotz GPS. Dann sind wir da, vor uns liegt die Piste. Wir folgen der Sichtflug-Prozedur und landen auf der riesigen Piste von Juneau, der Hauptstadt von Alaska.

Auch hier entdecken wir eine Eigenart der Flugplätze von Alaska, die uns bereits in Homer aufgefallen ist. Parallel zur Asphaltpiste gibt es ein Wasserbecken von etwa gleicher Länge. Hier starten und landen die Wasserflugzeuge. Alaska und Kanada sind mit ihren Seen prädestiniert für die Wasserfliegerei! Überall stehen DeHavilland Beavers, Cessnas und Pipers mit Pontons.

Kaum sind wir gelandet und zum Besucherparkplatz gerollt, kommt ein Truck von Coastal Fuel zu uns gefahren. Uns wird angeboten, bei ihnen zu parken. Wir schlagen ein und geniessen den hervorragenden Service.

Juneau macht einen sehr schweizerischen Eindruck. Mit Ausnahme der riesigen Autos und der Kreuzfahrtschiffe, die hier im Tagesrhythmus anlanden. Umgeben von bewaldeten Bergen an einem seeartigen Fjord gelegen, ist es ein wunderbarer Ort zum Verweilen. Und das werden wir länger, als uns lieb ist.

HOMER – JUNEAU, ALASKA

Freitag, 7. Juli Wir verabschieden uns von Robert im Regen und verlassen Homer ostwärts. Wir steigen über die Wolken und geniessen die Wärme der Sonne. Wir überfliegen den Prinz-William-Sund. Unter uns reissen die Wolken auf und geben den Blick frei auf die einzigartige Gletscherwelt der Chugach-Berge. Hier reichen die Gletscher bis ans Meer. Als die Wolken es zulassen, sinken wir auf 600 Meter ab. Eine der schönsten Küstenlandschaften der Welt eröffnet sich vor uns. Die Inseln des Alexander Archipelago ziehen an uns vorbei. Juneau liegt auf dem Festland hinter dieser Inselansammlung. Wir finden einen Weg hinein zwischen den weit hinaufreichenden Inseln. Die Sonne bricht hier und da zwischen den Wolken durch und setzt bizarre Akzente. Auch Regenbogen ziehen mit uns ins Innere dieser Inselwelt. Das gesamte Land ist von einem Nadelwaldteppich überzogen. Wir fliegen wie in Trance.

Wer heute über ein Ereignis berichten will, wendet sich im Internet an ein weltweites Publikum. Es ist schnell, einfach und effizient. Für uns war von Anfang an klar, dass wir unsere Reise auf einer eigenen Homepage publizieren. Durch schnelle Internetverbindungen und globalen Zugriff auf das Internet war es für uns möglich, die Reise praktisch live zu dokumentieren. Richard Vogel hat sich um die gesamte Technik der von Jochen Dezius gestalteten Webseite gekümmert. Die Webseite sollte den Internetbesucher mit auf die Reise nehmen. Die Fotos und das Tagebuch erlaubten ihnen das Abenteuer hautnah mitzuerleben.

Durch Google Earth hat die Welt innerhalb kurzer Zeit ein neues Gesicht erhalten. Jederman kann sich heute ein detailliertes Bild der Erde machen. Schnell sind Orte besucht, die früher mit ihren magischen Namen in manchen die Reiselust aufkeimen liess: Sabah, Timbuktu oder Mandalay. Es ist uns gelungen, ein automatisches System herzustellen, das im 15-Minuten-Takt unsere Position auf den Satellitenbildern von Google Earth projiziert.

Über das Gästebuch konnten uns Grüsse aus aller Welt erreichen. Mit grosser Freude haben wir diese an unseren Stationen gelesen. Die Homepage ist mit Hilfe von Aron Candrian weiterhin aktiv und kann im Internet über www.spirit-of-davos.ch abgerufen werden.

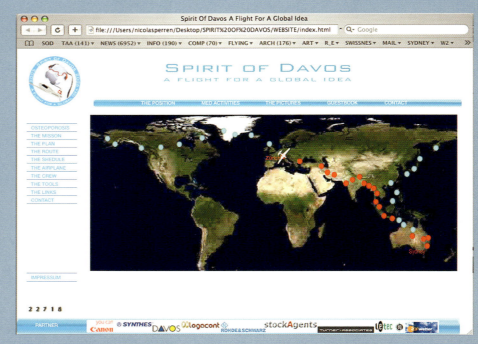

07.07.2006 / 22:27 GMT / 60°16'N / 148°22'W / NASSAU FIORD, ALASKA

JUNEAU

Samstag, 8. Juli Die ganze Nacht hat es geregnet. Wir stehen früh auf und gehen abflugbereit zum Flugplatz. Die Konsultation mit dem Wetterbüro ergibt nichts Erfreuliches. Schlechte Sicht, Nullgradgrenze, erhebliche Winde, eine Front wartet auf uns. Kein Wetter zum Fliegen. Die nächsten Tage sehen auch nicht besser aus. Wir beschliessen, zurück ins Hotel zu gehen und mit einem Mietwagen die Gegend auszukundschaften. Wir besuchen den nahe gelegenen Mendenhall-Gletscher. Ein Fussweg bringt uns in die unmittelbare Nähe der Gletscherfront. Wir sind begeistert von der umgebenden Landschaft. Am Nachmittag gehen wir erneut zur Flugwetterberatung. Die Grosswetterlage scheint sich zu verschlechtern. Die einzige Möglichkeit für die kommenden Tage besteht möglicherweise am kommenden Morgen. Danach wird das Wetter wieder schlechter. Mit viel Wind und tiefem Gefrierpunkt. Wir beschliessen, unsere Chance zu nutzen und alles für den kommenden Morgen vorzubereiten. Wir informieren den kanadischen Zoll, der die genaue Ankunftszeit wissen will. Seit dem 11. September 2001 ist die Einreise nach Kanada mit einem Sportflugzeug mit vielen Auflagen verbunden. So ist der Flug lange im Voraus anzumelden und am Vortag des Fluges mit der exakten Flugzeit zu hinterlegen.

Nach diesen bürokratischen Arbeiten fahren wir nach Juneau. Ein ausgedehnter Spaziergang führt uns auch zu den Piers. Das dort verankerte Kreuzfahrtschiff macht sich gerade bereit, auszulaufen. Die Passagiere werden mit dem Schiffshorn zurück an Bord gerufen. Danach essen wir in einem Restaurant am Pier und schauen dem Kreuzfahrtschiff beim Auslaufen zu.

Buschflieger in Juneau.

Der Mendenhall-Gletscher.

JUNEAU

PELICAN

PRINCE
RUPERT
PORT ALEXANDER

MASSET

PORT HARDY

VANCOUVER
SURREY

JUNEAU – VANCOUVER, KANADA

Sonntag, 9. Juli Der nächste Flug wird Nicolas' letzter auf dieser Reise sein. In Vancouver muss er zurück nach Australien, da sich dort bereits die Arbeit von einem Monat aufgestaut hat. Wir starten bei tief liegendem Nebel in die Hügellandschaft. Der eine mit Blick auf den künstlichen Horizont, der andere macht alles andere: Motor, Navigation und immer wieder einen Kontrollblick auf den zweiten Horizont. Auf 2000 Meter dann knapp unter der Nullgradgrenze kommen wir aus den Wolken heraus. Das Wetter klart bald komplett auf, und wir fliegen entspannt nach Vancouver. Ein Funkfreund von Stephan, Peter Kupsch, VE7HFY, will uns zu einem Umweg über seine Station überreden. Da wir uns jedoch auf der Luftstrasse befinden und der kanadische Zoll exakte Terminvorgaben gemacht hat, müssen wir sein Angebot leider ausschlagen. Dann erreichen wir Vancouver. Die Anflugroute führt uns in einer weiten Schleife über die Stadt. Im Endanflug fliegt ein Jumbo rechts von uns die Parallelpiste an. Es ist sehr beeindruckend, eine so grosse Maschine so nah in der Luft zu sehen.

In Vancouver endet die gemeinsame Reise von Stephan und Nicolas. Es war eine einzigartige und abenteuerliche Reise. Der Abschied fällt uns sehr schwer.

Ein Tug Marke
Eigenbau auf dem
Flughafen von
Vancouver.

Das gemeinsame
Abenteuer ist
vorbei.

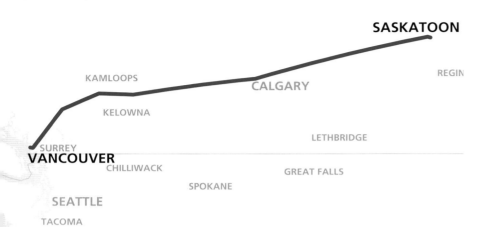

SASKATOON

KAMLOOPS

CALGARY

REGIN

KELOWNA

LETHBRIDGE

SURREY
VANCOUVER

CHILLIWACK

GREAT FALLS

SPOKANE

SEATTLE

TACOMA

Stephan ohne und
Heinz mit Sauer-
stoffversorgung.

VANCOUVER – SASKATOON, KANADA

Samstag, 15. Juli Kurz nach Nicolas' Abreise trifft Heinz Allenspach in Vancouver ein. Stephan und Heinz werden zusammen den dritten Teil des Abenteuers fliegen. Heinz fliegt seit vielen Jahren. Mit 2000 Flugstunden und der Zulassung zum Instrumentenflug ist er ein ausgesprochen erfahrener Pilot. Seine Flugerfahrung verspricht einen interessanten Austausch.

Die vergrösserten Flügeltanks genügen auf den verbleibenden Streckenabschnitten. Der zusätzliche Kabinentank kann wieder ausgebaut werden. Das Flugzeug wird in Vancouver der 100-Stunden-Revision unterzogen und von der Firma AirSea auf Herz und Nieren geprüft. Herr Mappen und sein Team leisten sehr gute Arbeit. Die verbleibende Strecke über das eiskalte Wasser wird zwar nicht einladender, die Qualität der lokalen Rettungskräfte jedoch beruhigt.

Auf dem letzten Teil der Reise sind keine medizinischen Aktivitäten geplant. Wir können uns ohne Zeitdruck dem Fliegen widmen. Heinz schlägt vor, von Vancouver über Winnipeg und Iqaluit nach Kangerlussak in Grönland zu fliegen, dann weiter über Jakobshavn und Kulusuk nach Reykjavik, um schliesslich über Schottland und England Kurs auf die Schweiz zu nehmen. Diese Route lässt auch Alternativen zu, sollte es das Wetter erfordern.

Nach abgeschlossener Wartung machen wir mit dem Flugzeug einen Kontrollflug. Beruhigt stellen wir fest, dass alle Systeme bestens funktionieren. Wir sind bereit, den Rest des Abenteuers in Angriff zu nehmen. Schon bei unserem ersten Streckenabschnitt müssen wir wetterbedingt die Route ändern. Statt nach Winnipeg, fliegen wir etwa 800 km weiter nordwestlich nach Saskatoon, das am Saskatchewan-Fluss liegt. Von dort aus planen wir nach Churchill zu fliegen. Diese südlichere Route soll uns an einem Schlechtwettergebiet vorbeiführen, das über der nördlichen Hudson Bay liegt. Bald nach Vancouver nimmt die Bewölkung ab. Der Flug über Banff und die nördlichen Ausläufer der Rocky Mountains eröffnet einen Ausblick auf kantige Berge und breite, grüne Täler. Eine Aussicht, die uns wehmütig an die Schweiz erinnert. Kaum haben wir die Bergkette hinter uns gelassen, können wir die idyllische Gegend von Calgary bewundern. Sanfte Hügel und Täler gehen in die flache Prärie über. Ein steifer Rückenwind lässt unsere Geschwindigkeit gegenüber dem Boden auf 435 km/h ansteigen. Er ist uns eine willkommene Abkürzung der Flugzeit über den endlosen Flächen zwischen Calgary, Saskatoon und Churchill, die den grössten Teil des kanadischen Bundesstaates Saskatchewan ausmachen. Die Produkte dieser Kornkammer stellen ein Viertel des landwirtschaftlichen Exports von Kanada dar.

Gleich nach unserer Ankunft führt uns ein Rundgang durch Saskatoon und sein etwas verschlafenes Zentrum. Geprägt wird die Stadt durch den Fluss Saskatchewan, der von einigen historischen Brücken überspannt wird. Der fremd anmutende Name «Saskatoon» stammt von «mis-sask-quah-toomina», dem indianischen Namen einer Beere.

CHURCHILL

GILLAM

LEAF
RAPIDS

THOMSON

THICKET PORTAGE

PONTON

PRINCE
ALBERT

HUDSON BAY

SASKATOON

REGINA

WINNIPEG

Die Wetter-
bedingungen
auf dem Flug
durch die
kanadische
Prärie.

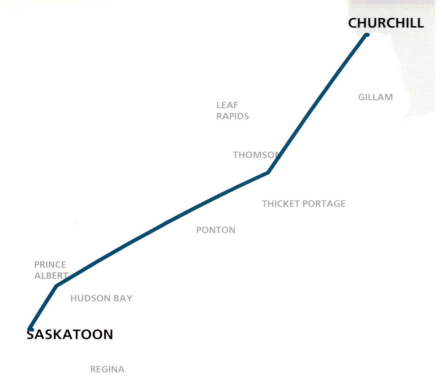

SASKATOON – CHURCHILL, KANADA

Sonntag, 16. Juli Weiter geht der Flug über endloses, flaches, land-
wirtschaftlich genutztes Gebiet. Dann überfliegen wir zunehmend nur
noch Wechsel von Seen und Wäldern. Dazwischen liegen verstreut Flugplätze mit einigen wenigen Häusern in der Nähe. Das Flugzeug ist hier
Hauptverkehrsmittel. Uns begleiten hohe Kumulus-Türme. Vorsichts-
halber ziehen wir in der Nähe der Gewitter die lange Kurzwellenantenne ein. Der Kurzwellenfunk dient hier weniger der Kommunikation mit
der Luftverkehrskontrolle als Stephans Hobby, dem Amateurfunken.
Als wir in Churchill landen, sehen wir einen Helikopter mit Anhänge-
last vom Ort abfliegen. Wie wir später erfahren, ist eine Eisbärenfamilie
den Häusern zu nahe gekommen. Sie wurde ausgeflogen, da sie für die
Einwohner eine Gefahr darstellt. Nachdem man sie mit einem Narkose-
gewehr ruhig gestellt hat, wurden die Tiere im Netz abtransportiert. In
Churchill sind die Eingangstüren der Häuser nicht abgeschlossen. Das
ermöglicht den Einwohnern bei Begegnungen mit Eisbären Zuflucht in
Nachbars Haus zu finden.

Heinz im Infight
mit dem Haus-
herrn.

CHURCHILL

Montag, 17. Juli Der Abflug von Churchill verzögert sich um einen Tag, da in Iqaluit, unserem nächsten Ziel, die Wetterbedingungen eine sichere Landung nicht zulassen. Der Ausfall eines wichtigen Teils der elektronischen Anflughilfen (ILS) verschlimmert die Lage weiter.

Um den Tag zu nutzen, entschliessen wir uns, an einer Führung zum Prince of Wales Fort teilzunehmen. Die schlossähnliche, militärische Abwehranlage wurde mit beeindruckendem Aufwand erstellt. Sie war Schutz und Stolz der Bewohner. Als die Franzosen 1782 angriffen, fiel kein einziger Schuss, und die Übergabe verlief friedlich. Heute ist die Abwehranlage in der Nähe von Churchill ein Mückenparadies. Die Netzhüte, die Heinz mitgebracht hat, verwandeln uns in Imker, tun aber einen ausgezeichneten Dienst.

Nach allem, was wir über die kleinen Kriebelmücken (Black flies) gehört haben, sind wir auf deren Besuch wenig erpicht. Im Gegensatz zu unseren Stechmücken beissen diese kleinen Biester ein Stück der Haut heraus, um dann den entstehenden Bluttropfen zu trinken. Wir haben Glück und benötigen die Netze auch nur in Churchill.

Am Nachmittag fahren wir mit einem Schiff zur Fotosafari. Auf einer Insel sehen wir in der Ferne einen Eisbären, der trotz Teleobjektiv nur als kleiner Punkt auf dem Foto aufscheint. Im weiteren Verlauf der Reise sehen wir dann einen Eisbären, der bei Normalbrennweite das ganze Bild ausfüllt. Er versucht, das Schiff zurück in den Ort zu begleiten. Nach einigen Wendemanövern der Schiffsbesatzung gibt er jedoch auf und zieht von dannen. Weitere Höhepunkte der Safari sind Beluga-Wale und Seehunde, die unser Schiff in grosser Zahl begleiten.

Moskitonetze waren sehr willkommen.

Ein Eisbär aus nächster Nähe.

216

KANGERLUSSUAQ

NUUK

IQALUIT

SALLUIT

CHURCHILL

Stephan und Heinz in voller Überlebensmontur.

CHURCHILL – KANGERLUSSUAQ, GRÖNLAND

Dienstag, 18. Juli Am nächsten Morgen starten wir in die Morgendämmerung. Auch hier hat die frühe Schliessung des Landeflugplatzes in Kombination mit der Zeitverschiebung einen sehr frühen Start notwendig gemacht. Da sich das Wetter in Iqaluit nicht gebessert hatte und die Navigationseinrichtung immer noch nicht funktioniert, entschliessen wir uns, direkt von Churchill bis Kangerlussuaq im Westen von Grönland zu fliegen. Noch nie war die Navigation so einfach. Die Route, die wir in das Navigationsgerät eingeben, besteht nur aus Start- und Zielflughafen. Die errechnete Route folgt der kürzesten Verbindung auf der Erdkugel, dem Grosskreis. Wir überfliegen vier Stunden lang nichts als die Hudson Bay, endloses Wasser, in dem nur manchmal inselähnliche Buschformationen herausragen. Als Landeplatz für Notfälle eignen sie sich aber leider nicht. Auf dieser Strecke begleitet uns zu Beginn ein amerikanischer Funkkollege aus Florida, eine willkommene Abwechslung aus dem Äther. Im zweiten Teil des neunstündigen Flugs haben wir erste Kontakte mit Stephans Funkkollegen aus Thun, Fritz, HB9ZA, und Ernst, HB9TLF. Die erste Wetterfront überfliegen wir nördlich Iqaluit. Hier verabschieden wir uns auch vom nordamerikanischen Kontinent. Weiter geht es über eine zerklüftete Berg- und Gletscherlandschaft. Die Gletscher sind hier weiss-blau schimmernde Gebilde, die zu schlafen scheinen.

Nach einem unerwartet kurzen Flug über das Meer nach Grönland erwartet uns die nächste Wetterfront. An der Westküste von Grönland beginnen wir mit dem Sinkflug zum Flugplatz von Kangerlussuaq (Sondrestrom-Fjord). Wir müssen also diese Front durchfliegen. Als wir in die Wolken kommen, überzieht sich das Flugzeug zunehmend mit Eis. Wir wissen jedoch, dass zwischen der Nullgradgrenze und den Bergen noch Spielraum zum Abtauen des Eises bleibt. Damit haben wir immer noch einen komfortablen Sicherheitsspielraum. Alles geht gut, und wir folgen dem langen Fjord nach Kangerlussuaq, einem der wenigen Flugplätze an der Westküste Grönlands.

Versicherung

Jedes Flugzeug muss durch eine Haftpflichtversicherung versichert sein. Eine Kaskoversicherung ist fakultativ. Während der Planungsphase stimmten wir die Route mit der Versicherung ab. Die vorgeschlagene Route wurde ohne wesentliche Auflagen angenommen. Als kritisch wurde der Flug über den Balkan, durch den Iran und nach Nepal eingestuft. Wegen der Kürze der Aufenthalte und aus Kulanz zu ihrem langjährigen Kunden war Hudson Sky, unser Versicherungsbroker, nach kurzer Diskussion bereit, den Versicherungsschutz auf dem gesamten Flug zu übernehmen.

Für einige Streckenabschnitte mussten sämtliche Benzintanks des Flugzeugs voll gefüllt werden. Um mit der Reiseausrüstung innerhalb der Limitationen zu bleiben, musste das zulässige Abfluggewicht erhöht werden. Dies konnten wir durch Beantragung von sogenannten Ferry Conditions erreichen. Die Versicherung gewährte uns dies anstandslos, ohne weitere Auflagen.

Landebewilligungen

Für die meisten Länder waren sowohl Überflug- wie auch Landebewilligungen notwendig. Diese sind ohne spezielle Kontakte vor Ort schwierig zu erhalten. Es ist wichtig, auf allen Flughäfen Agenten zu haben, welche die lokalen Behörden kennen und die Weltreisenden an den teilweise haarsträubenden bürokratischen Hürden vorbeiführen. Wir haben eine dafür spezialisierte Firma, Flight Service International (FSI), engagiert, die für sie die Bewilligungen und die lokalen Agenten organisierte. Die Zusammenarbeit mit FSI und ihrem Mitarbeiter Mutharem Oezbel ermöglichte erst den meist reibungslosen Parcours durch die lokalen Instanzen. Die Zeitverschiebung wurde durch die von FSI gewährleistete 7/24-h Hotline aufgefangen.

KANGERLUSSUAQ

TENITEQILAQ
SARFAQ KUNGMIUT
UKIVERAJIK
TEQ AKINAITS
ORTIT

KULUSUK

KARASUK KAGSSINGUIT
NUUK
GODTHAAB
IKARISSAT

FÖERINGEHAVN

UGARSIORFIK

Der Flughafen
von Kulusuk.

Stephan mit dem Tabletcomputer, der viele Aufgaben zugleich erfüllt hat. Die Bose-X-Kopfhörer vermindern elektronisch den Lärm und entlasten so auf langen Strecken.

KANGERLUSSUAQ – KULUSUK, GRÖNLAND

Mittwoch, 19. Juli Die Wetterberatung in Kangerlussuaq ist hervorragend. Der Meteorologe erklärt uns kompetent und geduldig, anhand von vielen Karten, die Wettersituation. Ein einmaliger Service. Wir müssen auf die Zwischenlandung in Jakobshavn verzichten. Die Gefahr in der nachfolgenden Wetterfront, dort längere Zeit stecken zu bleiben, ist zu gross.

Der Flug quer über die endlose Eiskappe Grönlands beeindruckt uns tief. Erst ist das Eis noch rissig, dann sind verstreute azurblaue Seen auf dem Eis zu sehen, dann nur noch weiss-blaues Eis, so weit das Auge reicht. Auf der Ostseite Grönlands führen wir den Sinkflug über glasklarem eisgekühltem Wasser aus.

Endlich kommt der Flugplatz von Kulusuk in Sicht. Er besteht aus einer ansteigenden Schotterpiste, einem kleinen Vorfeld und einer Baracke als Terminal. Die Fahrt vom Flugplatz zum Hotel und Restaurant dauert 5 Minuten. Das Wasser in der Bucht von Kulusuk ist kristallklar und tiefblau, einfach traumhaft. Die horrenden Benzinkosten von $ 4,5 pro Liter holen uns in die Realität zurück. Heinz argumentiert mit der Flugplatzbehörde, dass er nicht den ganzen Flugplatz kaufen wolle, nur Benzin, aber es nützt nichts.

KULUSUK

REYKJAVIK

Geysir auf
Island.

KULUSUK – REYKJAVIK, ISLAND

Donnerstag, 20. Juli Wir starten auf der aufsteigenden Schotterpiste. Ein eigenartiges Gefühl für Stephan. Das vollgetankte, schwere Flugzeug kommt trotz ordentlicher Steigleistung nur zögerlich in die Luft. Im Steigflug scheint die Maschine die Distanz zum Boden nicht zu vergrössern. Endlich frei von den Hügeln drehen wir den Propeller in Richtung Island.

Eine Gruppe von Kurzwellenamateuren wollte mit uns Kontakt aufnehmen. Die Antenne fährt jedoch nicht aus. Stephan denkt, der Trichter ist verhakt, und versucht ihn mit einem Sturzflug zu lösen. Auch das hilft jedoch nicht, die Antenne bleibt eingefahren. Nach der Landung in Island dann die Erklärung: der Plastiktrichter war weg, in der Kälte ist er wohl spröde geworden und abgebrochen. Der Norden der Insel ist nach aktuellem Wetterbericht unter einer dichten Wolkenschicht versteckt. Der Flug bei diesem Wetter ist unproblematisch. Von einer Erkundung sehen wir jedoch ab und ändern unser Ziel. Wir fliegen direkt nach Reykjavik. Der Flugplatz besitzt Landepisten in jede mögliche Himmelsrichtung. Spät am Abend verwöhnen wir uns mit «Gravlax», die lokale Lachsspezialität, bei Sonnenschein in einem schönen Hotel.

Wir besichtigen den Südwesten Islands. Besonders interessieren uns die Geysire. Sie bestehen aus einem Loch im Boden, aus dem alle paar Minuten ein Schuss Wasser bis auf die beachtliche Höhe von 70 Metern schiesst. Die Entladungen folgen in regelmässigen Abständen. Dem durchwegs vulkanischen Boden entspringen immer wieder Dampfwolken. Diese kommen teilweise in der Nähe von Gebäuden zum Vorschein. Das weist daraufhin, dass der Dampf für die Erzeugung von Wärme und Elektrizität genutzt wird. Blaue Häuser, kleine Kapellen, ein in Berge eingebetteter blauer See, eine wundervolle Gegend.

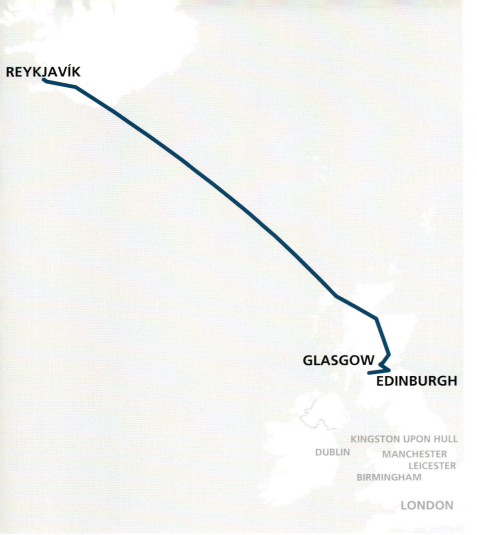

GLASGOW
EDINBURGH

KINGSTON UPON HULL
DUBLIN
MANCHESTER
LEICESTER
BIRMINGHAM

LONDON

HB-DGL auf dem Flughafen von Edinburg.

REYKJAVIK – EDINBURGH – GLASGOW, SCHOTTLAND

Freitag, 21. Juli Von Nordosten her versinkt Island in Wolken. Es ist Zeit, den Sprung übers Wasser nach Schottland zu wagen. Kurz nach dem Start in Reykjavik tauchen wir in die Wolken ein. Der Rest des Fluges verläuft zwischen zwei Wolkenschichten ohne jegliche Sicht zum Boden, dem Nordatlantik. Nach etwas mehr als fünf Stunden Flug sind wir über den Äusseren Hebriden bei Stornoway, dann Schottland. Das Wetter bessert sich, und wir erreichen bald Edinburgh. Hier machen wir einen kurzen Stadtspaziergang und besichtigen eine Burg. Überraschenderweise erhalten wir kein Flugbenzin in Edinburgh. Das ist kein Problem. Nach einem kurzen Flug nach Glasgow können wir unsere Tanks füllen.

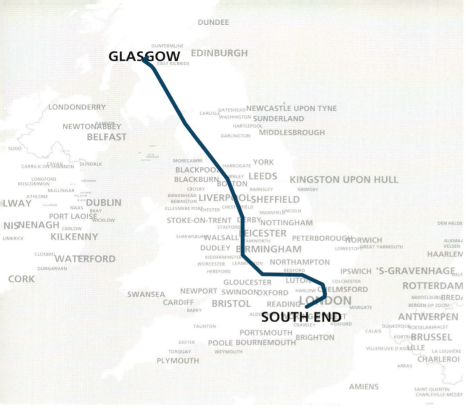

Stephan und Heinz in Zürich.

GLASGOW – SOUTHEND – ZÜRICH, SCHWEIZ

Samstag, 22. Juli Wir haben Glück: die beiden von Süden nach Norden verlaufenden Wetterfronten über den Britischen Inseln lassen es zu, dass wir bei gutem Wetter zwischen ihnen bis Südengland fliegen können. Erst kurz vor Southend ist das nicht mehr möglich. Wir entscheiden uns, unter die Wolkenunterseite zu sinken und dort den Flug nach Sichtflugregeln fortzuführen. Der Dialog mit der Flugaufsicht gestaltet sich etwas kompliziert. Der hilfsbereite Fluglotse lässt sich jedoch nicht aus der Ruhe bringen. In Southend dann eine Wetterberatung per Mobiltelefon mit Ursula Bühler-Hedinger in der Schweiz. Kurz auftanken und weiterfliegen scheint das Gebot der Stunde.

Nachdem wir schwieriges Wetter über England durchflogen haben, erfolgt der Weiterflug bis Strassburg unter guten Wetterbedingungen. Danach jedoch fliegen wir in Gebiete mit unstabilerem Nachmittagswetter. Auch hier entscheiden wir uns, der Bewölkung durch einen Sinkflug unter die Wolken aus dem Weg zu gehen. Der letzte Abschnitt der grossen Reise erfolgt nach Sichtflugregeln durch das Schweizer Mittelland. Beim Anflug auf den uns gut bekannten Flughafen Zürich-Kloten meldet Stephan routinemässig «approaching Bremgarten». Prompt kommt die Antwort vom Fluglotsen, «Bremgarten existiert als Meldepunkt nicht mehr» –, «ja was dann?» –, «das heisst jetzt Whiskey» –, «aha, und wo ist Whiskey?» «Am gleichen Ort wie Bremgarten.» Offensichtlich hat sich in unserer Abwesenheit in Zürich die Nomenklatur etwas geändert. Es erwartet uns jedoch ein weiteres Problem: der südliche Anflug von Zürich ist in Betrieb. Damit ist ein Anflug von Westen, wo wir herkommen, nicht ohne spezielle Bewilligung möglich. Nachdem wir fragen, ob nach unserer Weltreise der Sichtanflug nach Zürich der schwierigste Anflug werden sollte, hat der Flugverkehrsleiter ein Einsehen und lässt uns Whiskey 1, früher Gasometer, und Whiskey 2, früher Katzensee, auf der Piste 34 landen. Unser kleiner Vogel

benötigt nur einen kleinen Teil der mehrere Kilometer langen Piste. Nachdem wir das Flugzeug abgestellt haben, empfängt uns Ursula Bühler-Hedinger sichtlich erleichtert.

Die ausgedehnten Zollformalitäten verhindern den Weiterflug nach Bad Ragaz am gleichen Tag. Wir müssen alle Servicearbeiten am Flugzeug deklarieren und auf die Arbeit Mehrwertsteuer bezahlen. Dazu kommt noch die Forderung, dass bei Unterhaltsarbeiten im Ausland pro Flugstunde etwa 150 Franken zu entrichten sind. Der Beamte lässt sich jedoch überzeugen, dass wir nicht über 180 Stunden um die Welt geflogen sind, damit wir kostengünstig Servicearbeiten in Australien durchführen lassen. Dies erspart uns die Gebühr auf die Flugstunden.

Das Cockpit.

FRAUENFELD AMRISWIL

WINTERTHUR

RORSCHAC

ST GALLEN

ZÜRICH

HERISAU

USTER GOSSAU

APPENZELL
RANKW

NESSLAU

RUGGELL
GAMPRIN MAUREN
ESCHEN
PLANKEN
SCHAAN

ZUG

TRIESEN

BALZER

SCHWYZ
SCHWYZ GLARUS

SCHWANDEN BAD RAGAZ

LANDQUART

ALTDORF

CHUR

Stephan in Bad Ragaz.

ZÜRICH – BAD RAGAZ, SCHWEIZ

Sonntag, 23. Juli Am Morgen starten wir zum Finale. Der letzte Flugabschnitt unserer Weltumrundung führt uns von Zürich nach Bad Ragaz. Die Maschine und die Piloten kennen diese Strecke wie ihre eigene Hosentasche. Stephan landet das Flugzeug in Bad Ragaz nach einem Flug von 20 Minuten. Hier empfangen Freunde und Familie die Weltumrunder. Sie halten ein Banner mit Stephans Wahlspruch in die Luft: «If you follow the flock, you risk to step into shit.» Auf die Forschung angewandt könnte man das übersetzen mit: Wenn alle annehmen, eine Theorie treffe zu, dann ist Vorsicht geboten. Ohne den Mut, eine allgemein akzeptierte These in Frage zu stellen, entsteht nichts Neues. Mit diesem Flug sind wir nicht der Herde nachgeflogen. Wir haben zwar auch keine Pioniertat geleistet, aber ein tolles unvergessliches Abenteuer erlebt.

Die letzte Landung in Bad Ragaz.

EPILOG

Wie war es? Einfach grossartig!

Zweieinhalb Jahre ist es her, dass wir uns an einem trüben Herbstmorgen in Zürich ins Flugzeug gesetzt haben, um die Welt zu umrunden. Unsere Erlebnisse haben wir in diesem Buch zusammengefasst. Die Arbeit daran hat uns die Reise noch einmal erleben lassen. Wie beim Flug, so haben sich auch beim Buch Vater und Sohn einzigartig ergänzt. Denn obwohl Stephan wieder in Davos und dem Rest der Welt in Sachen Knochenbruchheilung unterwegs ist und Nicolas mit seiner Familie in Sydney wohnt und für Australien und Asien Möbel, Häuser und Städte entwirft, war es eine enge Zusammenarbeit. Lange Telefonkonferenzen zwischen Davos und Sydney zu Inhalt und Form hatten die gleiche dichte Arbeitsatmosphäre wie die Flugplanung vor unserer Reise. Damit schliesst sich der Kreis: von der Planung über den Flug zum Buch.

Im Buch laufen mehrere Themen parallel. Zum einen Stephans Gedanken zur AO und Osteoporose, zum anderen Nicolas Reiseaufzeichnungen während des Fluges. Die Texte begleitend, entführen Nicolas Flugaufnahmen den Betrachter in ferne Welten. Durch die Koordinaten neben den Fotos können die Orte virtuell bei Google Earth besucht werden. So können sie sogar in ihrem Kontext nacherlebt werden.

Wir möchten mit diesem Buch alle anspornen zu träumen, zu erleben und zu erzählen.

Stephan und Alice bei der Ankunft in Bad Ragaz.

DANK

Als wir hoch oben in unserem Flugzeug sassen und unter uns zogen fremde Landschaften durch, waren wir froh, dass wir nicht alleine waren. Auf unserer Reise waren wir auf die Hilfe vieler Personen angewiesen.

Unser besonderer Dank gilt:

Alice, Claudia, Peter, Andreas, Dominic und Lara. Ihr habt uns nicht nur ziehen lassen, sondern uns in unserem Vorhaben entscheidend unterstützt.

Ursula Bühler-Hedinger, bei der wir viel über die Fliegerei gelernt haben; sie hat uns ihr wertvolles Netzwerk zur Verfügung gestellt, uns bei Skyguide und MeteoSwiss eingeführt.

Prof. Erich Schneider, Direktor des AO Forschungsinstituts, und Peter Bitschin haben unsere wissenschaftlichen Vorträge auch finanziell unterstützt. Den Mitarbeitern der Firma Synthes, namentlich Judy Mitchell, die uns an all den verschiedenen Stationen der Reise helfend zur Seite standen und die Vorträge organisierten. Besonders möchten wir Herrn Amirabadian in Teheran, danken, der uns im Iran mit seinen Mitarbeitern aus der Klemme geholfen hat, Danny Khor, der uns von Kuala Lumpur nach Jakarta mit grossem persönlichem Aufwand begleitet hat, sowie Nobuo Fuji, er stand uns mit Rat und Tat zur Seite und organisierte die Vorträge in Japan. Den Pilotenkollegen, die wir auf der Reise getroffen haben, speziell Lisa und Graham Harvey, die uns in die australische Pilotenszene einführten, und uns mit dem Buch geholfen haben. Tom Claytor, den wir in Pattaya getroffen haben. Er hat uns mit guten Tipps und tollen Geschichten einen herrlichen Abend bereitet. Fleming und Angela Peterson, die uns an ihrer Langstreckenflugerfahrung teilhaben liessen und Ray Clamback, der uns das richtige Überlebensgerät empfohlen hat. Sven Girsperger, für seine technische Expertise und seine geografischen Kenntnisse. Ruedi Homberger für seine beeindruckenden Flugaufnahmen um das Matterhorn.

Vreni Geret und Sonja Wahl, die uns jederzeit helfend zur Verfügung standen.

Hans Schümperlin, HB9CNM, hat uns im Gebiet der Kommunikation und Flugzeug-Elektronik beraten und uns die Kurzwellenantenne überlassen. Er hat auch das Satellitentelefon beschafft und die Antenne für den Einsatz im Flugzeug modifiziert.

Den Kurzwellen-Amateuren, speziell Fritz Staub, HB9ZA, und Ernst Siegfried, HB9TLF, die zu jeder Tageszeit bereit waren, auf unsere Signale zu warten.

Den Flugzeugmechanikern in Zürich, Neu-Delhi, Kuala Lumpur, Darwin, Bankstown und Vancouver, die unsere Maschine gewartet und repariert haben. Hier gilt unser spezieller Dank Tony Pit, er stand uns in Bankstown zur Seite, um den Zusatztank in der Kabine einzubauen. Dank gilt auch dem Team des Flugzeugservice von Rotz in Bad Ragaz.

Dr. Katja Horneffer, die uns beim Zweiten Deutschen Fernsehen, ZDF, ein Forum gab.

Herrn Dostal von der Firma Jeppesen. Er war uns eine grosse Hilfe bei der Besorgung der notwendigen Flugnavigationsdaten über das Internet.

Heinz Allenspach, der ein toller Partner auf dem letzten Abschnitt der Reise war, als Nicolas wieder nach Australien zurück musste.

Dankward Hoentzsch, er hat die Publikation dieses Buchs angeregt und uns bei deren Umsetzung geholfen.

Joy Buchanan, Joe Schatzker und Thomas Rice für die Übersetzung ins Englische.

Allen, die uns mit ihren Einträgen im Gästebuch unterstützt haben.

Der anonymen Spenderin aus Davos, die unsere medizinische Aktivität unterstützt hat.

Ich finde die Fotos von Nicolas und Stephan fantastisch. Ich fliege gerne, es macht grossen Spass. Ich weiss, warum Papa und Grosspapa um die Welt geflogen sind. Wenn ich es machen würde, würde ich alle mitnehmen.

Eure Lara

FLUGROUTE

1 ZÜRICH, SCHWEIZ	7 NEU-DELHI, INDIEN	13 SIAM REAP, KAMBODSCHA	19 DARWIN, AUSTRALIEN
2 ISTANBUL, TÜRKEI	8 KATHMANDU, NEPAL	14 PATTAYA, THAILAND	20 ALICE SPRINGS, AUSTRALIEN
3 TÄBRIS, IRAN	9 KOLKATA, INDIEN	15 KUALA LUMPUR, MALAYSIA	21 WINDORAH, AUSTRALIEN
4 ISFAHAN, IRAN	10 BAGAN, MYANMAR	16 SINGAPUR, SINGAPUR	22 BRISBANE, AUSTRALIEN
5 ZAHEDAN, IRAN	11 CHIANG MAI, THAILAND	17 JAKARTA, INDONESIEN	23 SYDNEY, AUSTRALIEN
6 AHMEDABAD, INDIEN	12 U'TAPAO, THAILAND	18 DENPASAR, INDONESIEN	24 MOUNT ISA, AUSTRALIEN